CODE

D'INSTRUCTION CRIMINELLE

AVEC LES DERNIERES MODIFICATIONS

ÉDITÉ PAR

AUG. A. HÉRAUX
Avocat.

Première Edition

PORT-AU-PRINCE
IMPRIMERIE AUG. A. HÉRAUX
1721, rue du Centre, 1721
1930.

CODE

D'INSTRUCTION CRIMINELLE

AVEC LES DERNIERES MODIFICATIONS

ÉDITÉ PAR

AUG. A. HÉRAUX
Avocat.

Première Edition

PORT-AU-PRINCE
IMPRIMERIE AUG. A. HÉRAUX
1721, rue du Centre, 1721
1930.

RÉPUBLIQUE D'HAITI

DÉPARTEMENT DE LA JUSTICE

Port-au-Prince, le 11 Janvier 1930

N° 101.

Me AUG. A. HÉRAUX
Avocat

En ville

Monsieur l'Avocat,

L'examen de votre première Edition du Code d'Instruction Criminelle, comportant les dernières modifications qui y ont été apportées par les Lois des 12 Juillet 1920, 29 Mars 1928, 23 Janvier et 20 Juillet 1929, ayant fait constater que vous avez tenu compte du classement des articles, en suivant le numérotage initial qui ne laisse rien à désirer, de même que l'exactitude des textes, mon Département vous autorise, en conséquence, à mettre la dite Edition en brochures.

Recevez, Monsieur l'avocat, l'assurance de ma parfaite considération,

CHARLES RIBOUL

PRÉFACE

Depuis quelque temps, l'application de la procédure criminelle est devenue de plus en plus difficile en raison des nombreuses modification apportées au Code d'Instruction Criminelle pendant ces dernières années.

J'ai pensé rendre service à tous ceux qui s'occupent de l'application des lois, en éditant ce code avec les modifications qui y ont été apportées par les lois des 12 Juillet 1920, 29 Mars 1928, 23 Janvier et 20 Juillet 1929.

J'ai tenu compte du classement des articles en suivant le numérotage initial.

Ce n'est pas sans peine que j'aie pu arriver au résultat désiré, car il s'est trouvé que la brochure éditée par le Gouvernement en 1921 diffère du Bulletin des lois de l'année 1920, en ce qui touche le numérotage des articles.

Par suite de la supression des articles 109, 110 et 111, l'article 112 est devenu article 109 et ainsi de suite jusqu'à l'article 202 devenu article 199 ; tandis que la suppression des articles 202, 203, 204, 205, 206, 207 et 208 a fait de l'article 299, article 290.

D'un autre côté l'article additionel de la loi du 12 Juillet 1920 devenu sans objet par suite de la réforme Judiciaire, n'ayant pas été abrogé, j'ai dû le conserver comme article 172.

Je n'ai pas pu, malgré ma bonne volonté, annoter complètement cette édition étant donné le court espace de temps écoulé depuis la dernière réforme.

Le travail que je livre au public, quoique forcément incomplet, n'en sera pas moins utile, je l'espère du moins.

Pour faciliter les recherches j'ai placé en marge des articles, les numéros des articles correspondants du Code français, suivi de la lettre (d) toutes les fois que les deux textes ne sont pas absolument identiques.

Mon principal but étant d'éviter de fastidieuses recherches à ceux qui n'ont pas eu soin de prendre des notes au fur et à mesure des modifications, je serais heureux si ce travail, fait sans prétention, pouvait faciliter la tâche de tous les hommes de loi

Je prie ceux qui y trouveront des erreurs de vouloir bien me les signaler afin que je puisse les rectifier dans la prochaine édition.

Aug. A. HÉRAUX

CODE D'INSTRUCTION CRIMINELLE

LOI No. 1
Sur les Dispositions préliminaires

Art. 1er. L'action pour l'application des peines n'appartient qu'aux fonctionnaires auxquels elle est confiée par la loi.— Inst. crim. 9, 13 et suiv., 44 et suiv., 123 et suiv, 113, 116, 153 et suiv., 177, 180, 281, 301, 464 et suiv.

L'action en réparation du dommage causé par un crime, par un délit ou par une contravention, peut être exercée par tous ceux qui ont souffert de ce dommage.— C. Civ. 32, 1168.— C. Com. 583, 585. —Inst. crim. 2 et suiv., 13, 63, 64, 66 et suiv., 99, 112, 123 et suiv., 127, 132, 140 et suiv., 145, 146, 155, 156, 163, 167, 170, 173, 190, 247, 251, 266, 289, 292, 296, 298, 303, 317, 318, 324, 336, 349, 352, 424, 427, 462, 463. C. Pén. 1

Il résulte du principe posé en l'article 1er du Code d'Inst. crim., qu'il n'appartient qu'au Ministère public, et non à la partie civile, de se pourvoir en Cassation contre un jugement qui aurait appliqué au fait reconnu constant, une peine autre que celle édictée par la loi.— Cass. 16 Nov. 1874.

Art. 2. L'action publique, pour l'application de la peine s'éteint par la mort du prévenu.— C. Civ. 32.

L'action civile, pour la réparation du dommage, peut être exercée contre le prévenu et contre ses représentants.— C. Civ. 581, 707, 914, 1169.— Inst. crim. 1, 3 et suiv.

L'une et l'autre actions s'éteignent par la prescription, ainsi qu'il est réglé en la loi Nº 8, Chapitre V *de la Prescription*.— Inst. crim. 460 à 468.

Art. 3. L'action civile peut être poursuivie en même temps et devant les mêmes juges que l'action publique.— Inst. crim. 1, 2, 4, 53, et suiv.

Elle peut aussi l'être séparément ; dans ce cas l'exercice en est suspendu, tant qu'il n'a pas été prononcé définitivement sur l'action publique intentée avant ou pendant la poursuite de l'action civile.— C. Civ. 222.— Proc. Civ. 240, 241.— Inst. crim. 53, 113, 114, 123, 153 et suiv. 175, 178 et suiv. 279, 288, 292, 296, 299, 460, 462, 463. · C. Pén. 86.

Le présent article ne déroge point aux dispositions consacrées par le Code de commerce, relativement à l'administration des biens des faillis.— C. Com. 521 et suiv., 526 et suiv., 533 et suiv., 538 et suiv., 552 et suiv., 558, 559, 560 et suiv, 570.

Le bon souscrit par le plaignant en faveur de l'accusé ne saurait autoriser ce dernier, en cas de non-paiement, qu'à diriger contre le souscripteur des poursuites au tribunal de commerce ; mais l'action criminelle intentée par celui-ci contre l'accusé, en abus de confiance, ne saurait être suspendue même par l'action commerciale que pourrait lui intenter cet accusé pour non paiement du bon qui aurait été oui ou non passé à son ordre—Cass. 9 Déc. 1874.

4. ART. 4. La renonciation à l'action civile ne peut arrêter ni suspendre l'exercice de l'action publique. C. Civ. 1812.— Proc. Civ. 250.— Inst. crim.1, 50, 53, 54, 155.

5. ART. 5. Tout haitien qui se sera rendu coupable, hors du territoire d'Haiti, d'un crime attentatoire à la sûreté de l'Etat, de contrefaçon des monnaies nationales ayant cours, de papiers nationaux, de billets de Banque autorisés par la loi, sera, aussitôt qu'il sera saisi, poursuivi, jugé et puni en Haiti, d'après les dispositions des lois haitiennes.— C. Civ. 5.— Inst. crim. 6, 7, 15.

6. ART. 6. Cette disposition sera étendue aux étrangers qui, auteurs ou complices des mêmes crimes, seraient arrêtés en Haiti, ou dont le gouvernement obtiendrait l'extradition.— C. Civ. 5.— Inst. crim. 15, 362.

7. ART. 7. Tout Haitien qui se sera rendu coupable, hors du territoire de la République, d'un crime contre un Haitien, sera, à son retour en Haiti, poursuivi et jugé, si déjà il ne l'avait pas été en pays étranger, et si l'Haitien offensé rend plainte contre lui.— Inst. crim. 5, 15, 50.

·LOI No. 2
Sur la Police Judiciaire et les Officiers et Agents de police qui l'exercent

CHAPITRE PREMIER
DE LA POLICE JUDICIAIRE.

ART. 8. La Police judiciaire recherche les crimes, les délits et les contraventions, en rassemble les preuves, et en livre les auteurs aux tribunaux chargés de les punir.—Proc. Civ. 15 et suiv., 94 et suiv., —Inst. crim. 9, 10, 13 et suiv., 38 et suiv. 44 et suiv. 186, 390 et suiv.   **8.**

ART. 9. La Police judiciaire sera exercée, suivant les dispositions qui vont être établies, par le Ministère public, par ies juges d'Instruction, par les juges de paix et par les agents de la police rurale et urbaine. —Inst. crim. 10, 11 et suiv., 16, 38 et suiv., 69, 377, 447.   **9d.**

CHAPITRE II
DES AGENTS DE LA POLICE RURALE ET URBAINE.

ART. 10. Les agents de la police rurale et urbaine sont chargés de rechercher les crimes, les délits et les contraventions qui auront porté atteinte aux personnes ou aux propriétés.—Inst. crim. 8, 9, 38. et suiv.   **16.d**

Ils feront leur rapport au juge de paix de la commune sur la nature, les circonstances, le temps et le lieu des crimes, des délits et des contraventions, ainsi que sur les preuves et les indices qu'ils auront pu en recueillir.— Inst. crim. 11, 16, 133, 134.

Ils suiveront les choses enlevées, dans les lieux où elles auront été transportées, et les mettront en séquestre.—C. civ. 928, 1729.—Proc. civ. 681, 5°.— Inst. crim, 9, 25.— C. pén. 145.

Ils arrêteront et conduiront devant le juge de paix tout individu qu'ils auront surpris en flagrant délit, ou qui sera dénoncé par la clameur publique.— Inst. crim. 31, 88.

CHAPITRE III.

DES JUGES DE PAIX.

48.d   Art. 11. Les juges de paix ou leurs suppléants, dans l'étendue de leurs communes, rechercheront les crimes, les délits et les contraventions ; ils recevront les rapports, dénonciations et plaintes qui y sont relatifs.— Inst. crim. 10, 50.

Ils consigneront, dans les procès-verbaux qu'ils rédigeront à cet effet, la nature et les circonstances des contraventions, délits et crimes ; le temps et le lieu où ils auront été commis, les preuves et indices à la charge de ceux qui en seront présumés coupables. — Inst. crim. 10, 22, et suiv., 32, 127, 132, 133, 163, 169, 202, 272, 302, 347, 356, 372, 390, 395, 447.

Lors même que le procès-verbal dressé par le juge de paix contenant la déposition des témoins, n'est signé ni par les déposants, ni par le juge de paix, ni par le greffier, cette irrégularité qui se trouve dans l'instruction préparatoire ne vicie point le jugement rendu sur une instruction orale, puisqu'aux termes de l'art, 272 u C. inst. crim. le Doyen du tribunal criminel ne peut remettre aux jurés que les déclarations des témoins. Dès lors, il importe peu que ces déclarations soient signées, puisqu'elles ne peuvent servir de base au verdict du Jury. Cass. 3 Aout. 1863.

53.d   Art. 12. Lorsqu'il s'agira d'un fait qui devra être porté devant un tribunal, soit correctionnel, soit criminel, les juges de paix ou leurs suppléants expédieront à l'officier par qui seront remplis les fonctions du Ministère public près le dit tribunal, toutes les pièces et renseignements, dans les trois jours, au plus tard, y compris celui où ils ont reconnu le fait sur lequel ils ont procédé.— Inst. crim. 123.

CHAPITRE IV.

DES COMMISSAIRES DU GOUVERNEMENT

SECTION I •

DE LA COMPÉTENCE
DES COMMISSAIRES DU GOUVERNEMENT RELATIVEMENT
A LA POLICE JUDICIAIRE

ART. 13. Les Commissaires du Gouvernement sont   22.
chargés de la recherche et de la poursuite de tous les
délits ou crimes dont la connaissance appartient aux
Tribunaux de 1ère Instance jugeant au correctionnel ou au criminel.— Inst. crim. 14 et suiv. 25, 51, 59,
67, 68, 72, 96, 99, 103 et suiv.

ART. 14. Sont également compétents pour remplir   23.
les fonctions déléguées par l'article précédent, le
Commissaire du Gouvernement du lieu du crime ou
du délit, celui de la résidence du prévenu, et celui
du lieu où le prévenu pourra être trouvé.— Inst.
crim. 15, 19 et suiv., 50, 56.

ART. 15. Ces fonctions, lorsqu'il s'agira de crimes   24.
ou de délits commis hors du territoire haitien, dans
les cas énoncés aux articles 5, 6 et 7. ci-dessus, seront remplis par le Commissaire du Gouvernement
du lieu où résidera le prévenu, ou par celui du lieu
où il pourra être trouvé, ou par celui de sa résidence
connue.— Inst. crim. 14, 50, 56, 362.

ART. 16. Les Commissaires du Gouvernement et   25.
tous les autres officiers de police judiciaire auront,
dans l'exercice de leurs fonctions, le droit de requérir directement la force publique.— Inst. crim. 9, 10,
85, 90, 306.

ART. 17. Le Commissaire du Gouvernement sera,   26.
en cas d'empêchement, remplacé par un juge commis à cet effet par le tribunal.— Proc. civ. 90.— Inst.
crim. 45.

ART. 18. Les Commissaires du Gouvernement pour-
voieront à l'envoi, à la notification et à l'exécution   28.
des ordonnances qui seront rendues par le Juge
d'Instruction, d'après les règles qui seront ci-après

établies au chapitre des *Juges d'Instruction.*— Proc. civ. 78.— Inst. crim. 13, 46 et suiv., 59.

SECTION II

MODE DE PROCÉDER
DES COMMISSAIRES DU GOUVERNEMENT DANS L'EXERCICE DE LEURS FONCTIONS.

29.   ART. 19. Toute autorité constituée, tout fonctionnaire ou officier public, qui, dans l'exercice de ses fonctions, acquerra la connaissance d'un crime ou d'un délit, sera tenu d'en donner avis sur le champ au Commissaire du Gouvernement dans le ressort duquel ce crime, ou ce délit aura été commis, ou dans lequel le prévenu pourrait être trouvé, et de transmettre à ce Magistrat tous les renseignements, procès-verbaux et actes qui y seront relatifs.— Inst. crim. 10, 13, 20 et suiv., 50.

30.   ART. 20. Toute personne qui aura été témoin d'un attentat, soit contre la sûreté publique, soit contre la vie ou la propriété d'un individu, sera pareillement tenu d'en donner avis au Commissaire du Gouvernement, soit du lieu du crime ou délit, soit du lieu où le prévenu pourra être trouvé.— C. civ. 587, 3°, 589.— Inst. crim. 13, 21, 30, 38 et suiv., 254, 6°, 255, 288, 289, 377, 381, 385.— C. Pén. 17.

31.   ART. 21. Les dénonciations seront rédigées par les dénonciateurs ou par leurs fondés de procuration spéciale, ou par le Commissaire du Gouvernement, s'il en est requis : elles seront toujours signées par le Commissaire du Gouvernement, à chaque feuillet, et par les dénonciateurs ou par leurs fondés de pouvoirs.— C. civ. 1751.— Inst. crim. 20.

Si les dénonciateurs, ou leurs fondés de pouvoirs, ne savent ou ne veulent pas signer, il en sera fait mention.— Inst. crim. 23, 32.

La procuration demeurera toujours annexée à la dénonciation ; et le dénonciateur pourra se faire délivrer, mais à ses frais, une copie de sa dénonciation. Inst. crim. 29, 38, 50, 288.

32.   ART. 22. Dans tous les cas de flagrant délit, lorsque

le fait sera de nature à entrainer une peine afflictive ou infamante, le Commissaire du Gouvernement se transportera, s'il est possible, sur le lieu, sans aucun retard, pour y dresser les procès-verbaux nécessaires à l'effet de constater le corps du délit, son état, l'état des lieux, et pour recevoir les déclarations des personnes qui auraient été présentes, ou qui auraient des renseignements à donner.— Inst. crim. 10, 23, 26, 31, 37, 47.

Le Commissaire du Gouvernement donnera avis de son transport au Juge d'Instruction, sans être toutefois tenu de l'attendre pour procéder, ainsi qu'il est dit au présent chapitre.— Inst. crim. 1, 13 et suiv., 44.

ART. 23. Le Commissaire du Gouvernement pourra aussi, dans le cas de l'article précédent, appeler à son procès-verbal, les parents, voisins ou domestiques présumés en état de donner des éclaircissements sur le fait, il recevra leurs déclarations, qu'ils signeront.

Les déclarations reçues en conséquence, du présent article et de l'article précédent, seront signées par les parties, ou, en cas de refus, il en sera fait mention.— Inst. crim. 21, 32.

ART. 24. Il pourra défendre que qui que ce soit sorte de la maison, ou s'éloigne du lieu, jusqu'après la clôture de son procès-verbal.—Proc. civ. 94.—Inst. crim. 36, 390.

Tout contrevenant à cette défense sera, s'il peut être saisi, déposé dans la maison d'arrêt ; la peine encourue pour la contravention sera prononcée par le Juge d'Instruction, sur les conclusions du Commissaire du Gouvernement, après que le contrevenant aura été cité et entendu, ou par défaut, s'il ne comparaît pas, sans autre formalité ni délai, et sans opposition ni appel.

La peine ne pourra excéder dix jours d'emprisonnement et vingt gourdes d'amende.— Proc. civ. 94.— Inst crim. 36, 390.

ART. 25. Le Commissaire du Gouvernement se saisira des armes, et de tout ce qui paraîtra avoir

servi ou avoir été destiné à commettre le crime ou
le délit, ainsi que tout ce qui paraîtra en avoir été le
produit, enfin de tout ce qui pourra servir à la manifestation de la vérité ; il interpellera le prévenu de
s'expliquer sur les choses saisies qui lui seront représentées ; il dressera du tout un procès-verbal, qui
sera signé par le prévenu, ou qui portera la mention
de son refus.— Inst. crim. 10, 11, 13, 28, 29, 31, 32,
36, 47, 75, 116, 133.

36.   ART. 26. Si la nature du crime ou du délit est telle,
que la preuve puisse vraisemblablement être acquise
par les papiers ou autres pièces et effets en la possession du prévenu, le Commissaire de Gouvernement
se transportera de suite dans le domicile du prévenu,
pour y faire la perquisition des objets qu'il jugera
utiles à la manifestation de la vérité.— Inst. crim.
11, 22, 27, 28, 29, 36 et suiv., 46, 49, 73 et suiv., 362.
-- C. Pén. 145.

37.   ART. 27. S'il existe, dans le domicile du prévenu,
des papiers ou effets qui puissent servir à conviction
ou à décharge, le Commissaire du Gouvernement
en dressera procès-verbal, et se saisira des dits effets
ou papiers.— Inst. crim. 10, 26, 28, 29, 32, 36, 47, 73
et suiv. 115 et suiv. 163, 188, 202, 260, 352 et suiv., 372.

38.   ART. 28. Les objets saisis seront clos et cachetés,
si faire se peut ; ou s'ils ne sont pas susceptibles de
recevoir des caractères d'écriture, ils seront mis
dans un vase ou dans un sac, sur lequel le Commissaire du Gouvernement attachera une bande de pa-
pier qu'il scellera de son sceau.— Inst. crim. 25, 29,
32, 36, 75, 81.

39.   ART. 29. Les opérations prescrites par les articles
précédents seront faites en présence du prévenu,
s'il a été arrêté ; et s'il ne veut ou ne peut y assister,
en présence d'un fondé de pouvoir qu'il pourra
nommer. Les objets lui seront présentés, à l'effet de
les reconnaître et de les parapher, s'il y a lieu ; et, au
cas de refus, il en sera fait mention au procès-verbal.
C. Civ. 1751.— Inst. crim. 25 et suiv., 75.

40.   ART. 30. Dans le cas de flagrant délit, le Commissaire du Gouvernement fera saisir les prévenus

présents, contre lesquels il existerait des indices graves, et, après les avoir interrogés, décernera contre eux le mandat de dépôt. — Inst. crim. 10, 31, 80, 83 et suiv.— C. Pén. 7, 8.

'Si le prévenu n'est pas présent, le Commissaire du Gouvernement rendra une ordonnance à l'effet de le faire comparaître : cette ordonnance s'appelle *mandat d'amener.*— Inst. crim. 35, 45, 77 et suiv, 87, 94, 188, 291.

La dénonciation seule ne constitue pas une présomption suffisante pour décerner cette ordonnance contre un individu ayant domicile.— C. Civ. 91. · Inst. crim. 20, 21.

Le Commissaire du Gouvernement interrogera sur le champ le prévenu amené devant lui, et, s'il y a lieu. décernera contre lui un mandat de dépôt. — Inst. crim. 163.

ART. 31. Le délit qui se commet actuellement, ou qui vient de se commettre, est un flagrant délit.—Inst. crim. 10, 22 et suiv., 36, 38 et suiv., 46, 47, 88.

Seront aussi réputés flagrant délit : le cas où le prévenu est poursuivi par la clameur publique et celui où le prévenu est trouvé saisi d'effets, armes, instruments ou papiers faisant présumer qu'il est auteur ou complice, pourvu que ce soit dans un temps voisin du délit.—Inst. crim. 25, 75.—C. pén. 90.

ART. 32. Les procès-verbaux du Commissaire du Gouvernement, en exécution des articles précédents, seront faits et rédigés en présence et revêtus de la signature du juge de paix de la commune dans laquelle le crime ou le délit aura été commis, ou de son suppléant, ou de deux citoyens domiciliés dans la même commune.— Inst. crim. 10, 11, 39.

Pourra néanmoins le Commissaire du Gouvernement dresser les procès-verbaux, sans assistance de témoins, lorsqu'il n'y aura pas possibilité de s'en procurer tout de suite.

Chaque feuillet du procès-verbal sera signé par les personnes qui y auront assisté ; en cas de refus ou d'impossibilité de signer de la part de celles-ci, il en sera fait mention.— Inst. crim. 21, 23.

43.   ART. 33. Le Commissaire du Gouvernement se fera accompagner, au besoin, d'une ou de deux personnes présumées, par leur art ou profession, capables d'apprécier la nature et les circonstances du crime ou du délit.— Inst. crim. 34.

44.   ART. 34. S'il s'agit d'une mort violente, ou d'une mort dont la cause soit inconnue et suspecte, le Commissaire du Gouvernement se fera assister d'un ou de deux médecins, chirurgiens, ou officiers de santé, qui feront leur rapport sur les causes de la mort et sur l'état du cadavre.— C. Civ. 80, 81.— Inst. crim 33, 36, 47.

Les personnes appelées, 'dans le cas du présent article et de l'article précédent, prêteront, devant le Commissaire du Gouvernement, le serment de faire leur rapport et de donner leur avis en leur honneur et conscience.— Inst. crim. 62, 66, 135, 244, 249, 263 285.

45.   ART. 35. Le Commissaire du Gouvernement transmettra, sans délai, au Juge d'instruction, les procès-verbaux, actes, pièces et instruments dressés ou saisis en conséquence des articles précédents, pour être procédé ainsi qu'il sera dit au Chapitre VI, *Des Juges d'Instruction ;* et le prévenu restera sous la main de la Justice, en état de *mandat d'amener.*— Inst. crim. 25 et suiv. 30, 43, 47, 51.

46.   ART. 36. Les attributions faites ci-dessus au Commissaire du Gouvernement pour les cas de flagrant délit, auront lieu aussi toutes les fois que, s'agissant d'un crime ou d'un délit, même non flagrant, commis dans l'intérieur d'une maison ou habitation, le chef de cette maison ou habitation requerra le Commissaire du Gouvernement de le constater.— Inst. crim. 21 à 27, 31, 32 et suiv. 37, 39.

47.   ART. 37. Hors les cas énoncés dans les articles 22 et 36, le Commissaire du Gouvernement instruit, soit par une dénonciation, soit par toute autre voie, qu'il a été commis, dans son ressort, un crime ou un délit, ou qu'une personne qui en est prévenue se trouve dans son ressort, sera tenu de requérir le Juge d'Instruction d'ordonner qu'il en soit informé, même de se

transporter, s'il est besoin, sur les lieux, afin d'y dresser tous les procès-verbaux nécessaires, ainsi qu'il sera
dit au chapitre *Des Juges d'Instruction.*— Inst. crim.
13, 20, 21, 48 et suiv. — C. Pén. 145.

CHAPITRE V.

DES OFFICIERS ET AGENTS DE LA POLICE RURALE ET URBAINE AUXILIAIRES DU COMMISSAIRE DU GOUVERNEMENT

ART. 38. Les juges de paix et les agents de la police rurale et urbaine recevront les dénonciations des
crimes ou délits commis dans les lieux où ils exer-
cent leurs fonctions habituelles.— Inst. crim. 9, 20,
21, 30 et suiv., 123 et suiv.

48

ART. 39. Dans le cas de flagrant délit, ou dans le cas
de réquisition d'un chef de maison ou d'habitation, les
juges de paix dresseront les procès-verbaux, recevront
les déclarations des témoins, feront les visites et les
actes qui sont, aux dits cas, de la compétence des
Commissaires du Gouvernement ; le tout dans les
formes et suivant les règles établies au chapitre *Des
Commissaires du Gouvernement.*— Inst. crim. 22 et
suiv. 32 et suiv., 36.

49.

Dans les mêmes cas, les agents de la police rurale
et urbaine feront leur rapport au juge de paix qui en
dressera procès-verbal.

ART. 40. Dans les cas de concurrence entre le
Commissaire du Gouvernement et les Juges de Paix
et Agents de police énoncés aux articles précédents,
le Commissaire du Gouvernement fera les actes attribués à la police judiciaire ; s'il a été prévenu, il pourra continuer la procédure, ou autoriser l'officier qui
l'aura commencée à la suivre.—Inst. crim. 13 et suiv.,
41, 50, 51.

51.

ART. 41. Le Commissaire du Gouvernement, exerçant son ministère dans les cas des articles 22 et 36,
pourra, s'il le juge utile et nécessaire, charger un
officier ou agent de police auxiliaire de partie des
actes de sa compétence.—Inst. crim. 22, 36, 38 et suiv.

52

ART. 42. Les officiers et agents de police auxiliai-

53

res renverront, sans délai, les dénonciations, procès-
verbaux et autres actes par eux faits, dans les cas de
leur compétence, au Commissaire du Gouvernement,
qui sera tenu d'examiner sans retard les procédures,
et de les transmettre, avec les réquisitions qu'il jugera convenables, au Juge d'Instruction.— Inst.
crim. 13, 19, 20, 38, 44, 80, 51.

54.   ART. 43. Dans les cas de dénonciation de crimes
ou délits autres que ceux qu'ils sont directement
chargés de constater, les officiers de police judiciaire
transmettront aussi, sans délai, au Commissaire du
Gouvernement, les dénonciations qui leur auront été
faites, et le Commissaire du Gouvernement les remettra au Juge d'Instruction, avec son réquisitoire.—
Inst. crim. 13, 20, 35, 38, 42, 44, 50. 51.

CHAPITRE VI.

DES JUGES D'INSTRUCTION

SECTION I.

DU JUGE D'INSTRUCTION

55.   ART. 44. Il y aura un ou plusieurs Juges d'Instruction pour le ressort de chaque Tribunal de 1re. Ins
tance. Ils sont nommés pour trois ans par le Président d'Haiti ; et leurs fonctions ne pourront être
continuées pour un temps plus long qu'avec son
consentement exprès. Ils tiendront séance au jugement des affaires civiles et ne pourront connaître des
affaires correctionnelles ou criminelles qu'ils auront
instruites.— Inst. crim. 43, 101, 104 et suiv., 180, 196,
261, 320, 332, 377, 397, 400, 443, 444, 447.

58.   ART. 45. Si le Juge d'Instruction est absent, malade
ou autrement empêché, l'assemblée générale nommera l'un des Juges pour le remplacer.-- Proc. Civ.
90.— Inst. crim. 17.

SECTION II.

FONCTION DU JUGE D'INSTRUCTION

DISTINCTION PREMIÈRE

DES CAS DE FLAGRANT DÉLIT.

Art. 46. Le Juge d'Instruction, dans tous les cas réputés flagrant délit, peut faire directement et par lui-même, tous les actes attribués au Commissaire du Gouvernement, en se conformant aux règles établies au chapitre des *Commissaires du Gouvernement.*

Le Juge d'Instruction peut requérir la présence du Commissaire du Gouvernement, sans aucun retard néanmoins des opérations prescrites dans le dit chapitre. — Inst. crim, 13 et suiv., 26, 31, 47, 48, 49.

Art. 47. Lorsque le flagrant délit aura déjà été constaté, et que le Commissaire du Gouvernement transmettra les actes et pièces au Juge d'Instruction, celui-ci sera tenu de faire, sans délai, l'examen de la procédure.— Inst. crim. 22 et suiv.

Il peut refaire les actes ou ceux des actes qui ne lui paraîtraient pas complets.— Inst. crim. 46.

DISTINCTION DEUXIÈME

DE L'INSTRUCTION.

§ I.

DISPOSITIONS GÉNÉRALES

Art. 48. Hors le cas de flagrant délit, le Juge d'Instruction ne fera aucun acte d'instruction et de poursuite, qu'il n'ait donné communication de la procédure au Commissaire du Gouvernement ; il la lui communiquera pareillement, lorsqu'elle sera terminée, et le Commissaire du Gouvernement fera les réquisitions qu'il jugera convenables, sans pouvoir retenir la procédure plus de trois jours.— Inst. crim. 13, 39, 42, 51, 57, 196.

Néanmoins, le Juge d'Instruction délivrera. s'il y a lieu, le mandat d'amener, et même le mandat de dé pôt, sans que ces mandats doivent être précédés des

conclusions du Commissaire du Gouvernement
Inst. crim. 30, 77 et suiv.

62.   ART. 49. Lorsque le Juge d'Instruction se transportera sur les lieux, il sera toujours accompagné du
Commissaire du Gouvernement et assisté du greffier
du Tribunal.— Inst. crim. 13, 46.

§ II

DES PLAINTES.

63.   ART. 50. Toute personne qui se prétendra lésée
par un crime ou un délit, pourra en rendre plainte
et se constituer partie civile devant le Juge d'Instruction, soit du lieu du crime ou délit, soit du lieu
de la résidence du prévenu, soit du lieu où il pourra
être trouvé.— Inst. crim. 11, 14, 15, 47, 51 et suiv.,
58 et suiv., 156, 288, 350.

64.   ART. 51. Les plaintes qui auraient été formées devant le Commissaire du Gouvernement seront par
lui transmises au Juge d'Instruction avec son réquisitoire ; celles qui auraient été présentées aux officiers
auxiliaires de police, seront par eux envoyées au
Commissaire du Gouvernement, et transmises par
lui au Juge d'Instruction, aussi avec son réquisitoire.
— Inst. crim. 35, 37, 42, 43, 48.

Dans les matières du ressort de la police correctionnelle, la partie lésée pourra s'adresser directement
au tribunal correctionnel, dans la forme qui sera
ci-après réglée.— Proc. civ. 78.— Inst. crim. 53, 117,
155. 15.

65.   ART. 52. Les dispositions de l'article 21, concernant
les dénonciations, seront communes aux plaintes.

ART. 53. Les plaignants ne seront réputés partie
civile, s'ils ne le déclarent formellement, soit par la
plainte, soit par un acte subséquent ou s'ils ne pren-
nent, par l'un ou par l'autre, des conclusions en
dommages-intérêts; ils pourront se départir dans les
vingt-quatre heures : dans le cas du désistement, ils
ne sont pas tenus des frais depuis qu'il aura été
signifié, sans préjudice néanmoins des dommages-
intérêts des prévenus, s'il y a lieu.— C. Civ. 939, 1168

— Proc. Civ. 78, 939.— Inst. crim. 14, 50, 54 et suiv. 288.— C. Pén. 318.

ART. 54. Les plaignants pourront se porter partie civile en tout état de cause, jusqu'à la clôture des débats; mais, en aucun cas, leur désistement après le jugement ne peut être valable, quoiqu'il ait été donné dans les vingt-quatre heures de leur déclaration qu'ils se portent partie civile.— Inst. Crim. 1, 53, 55. **67.**

ART. 55. Toute partie civile qui ne demeurera pas dans la commune où se fait l'instruction, sera tenue d'y élire domicile par acte passé au greffe du tribunal.— C. Civ. 98.— Inst. crim. 106. **68.**

A défaut d'élection de domicile par la partie civile, elle ne pourra opposer le défaut de signification contre les actes qui auraient dû lui être signifiés aux termes de la loi.— Proc. Civ. 78.— Inst. crim. 98, 160.

ART. 56. Dans le cas où le Juge d'Instruction ne serait ni celui du lieu du crime ou du délit, ni celui de la résidence du prévenu, ni celui du lieu où il pourra être trouvé, il renverra la plainte devant le Juge d'Instruction qui pourrait en connaître.— Inst. crim. 14, 15, 19. **69.**

ART. 57. Le Juge d'Instruction compétent pour connaître de la plainte, en ordonnera la communication au Commissaire du Gouvernement, pour être par lui requis ce qu'il appartiendra.— Inst. crim. 37, 48. **70.**

§ 3.

DE L'AUDITION DES TÉMOINS.

ART. 58. Le Juge d'Instruction fera citer devant lui les personnes qui auront été indiquées par la dénonciation, par la plainte, par le Commissaire du Gouvernement, ou autrement, comme ayant connaissance, soit du crime ou du délit, soit de ses circonstances.— Inst. crim. 22, 23, 36, 37, 39 et suiv., 344, 345, 375, 399 et suiv. — C. Pén. 28, 29. **71**

Art. 59. Les témoins seront cités par un huissier, ou par un agent de la force publique, à la requête du Commissaire du Gouvernement.— Proc. Civ. 78. **72**

—Inst. crim. 13, 61, 83, 124, 155, 188, 286, 396 et suiv.

73. ART. 60. Ils seront entendus séparément, hors de la présence du prévenu, par le Juge d'Instruction, assisté de son greffier.— Proc. Civ. 263.— Inst. crim 49, 62, 249, 263.

74. ART. 61. Ils représenteront, avant d'être entendus, la citation qui leur aura été donnée pour déposer, et il en sera fait mention dans le procès-verbal.—Inst. crim. 59, 64.

75. ART. 62. Les témoins prêteront serment de dire toute la vérite, rien que la vérité ; le Juge d'instruction leur demandera leurs noms, prénoms, âge, état, profession, demeure, s'ils sont domestiques, parents ou alliés des parties, et à quel degré : il sera fait mention de la demande, et des réponses des témoins.- C. civ. 19.— Proc. Civ. 263.— Inst. crim, 60, 64, 137 et suiv ; 249 et suiv·— C Pén. 28, 29.

76. ART. 63. Les dépositions seront signées du Juge, du greffier et du témoin, après que lecture lui en aura été faite et qu'il aura déclaré y persister : si le témoin ne veut ou ne peut signer, il en sera fait mention

Chaque page du cahier d'information sera signée par le juge et par le greffier.—Inst. crim. 64.

77. ART. 64. Les formalités prescrites par les articles précédents seront remplies à peine de dix gourdes d'amende contre le greffier, et même, s'il y a lieu, de prise à partie contre le Juge d'instruction.— Proc. Civ. 439 et suiv.— Inst. crim. 144.

78. ART. 65· Aucun interligne ne pourra être fait : les ratures et les renvois seront approuvés et signés par le Juge d'Instruction, par le greffier et par le témoin, sous les peines portées en l'article précédent.

Les interlignes seront réputés non avenus, ainsi que les ratures et les renvois qui n'auront pas été approuvés.

79. ART. 66. Les enfants de l'un ou de l'autre sexe, au-dessous de l'âge de quinze ans, pourront être entendus par forme de déclaration et sans prestation de serment.— C. Pén. 388.

ART. 67. Toute personne citée pour être entendue   80.
en témoignage, sera tenue de comparaître et de satis-
faire à la citation ; sinon, elle pourra y être contrainte
par le Juge d'Instruction, qui, à cet effet, sur les conclusions du Commissaire du Gouvernement, sans
autres formalités ni délai, et sans appels, prononcera
une amende qui n'excédera pas quarante gourdes.
La personne sera contrainte par la force publique à
venir donner son témoignage.—Proc.Civ.264 et suiv.
682.—Inst. crim. 68, 72, 137, 138, 162, 285.— C. Pén.
194, 323,

ART. 68. Le témoin ainsi condamné à l'amende sur   81.
le premier défaut, et qui, sur la seconde citation,
produira devant le Juge d'Instruction des excuses
légitimes, pourra, sur les conclusions du Ministère
public, être déchargé de l'amende.—Proc. Civ. 266.—
Inst. crim. 21, 67, 138, 162, 286.

ART. 69. Lorsqu'il sera constaté, par le certificat   83.
d'un médecin, chirurgien ou officier de santé, que des
témoins se trouvent dans l'impossibilité de comparaître sur la citation qui leur aura été donnée, le
Juge d'Instruction se transportera en leur demeure,
quand ils habiteront dans la commune du domicile
du Juge d'Instruction.— Inst. crim. 58, 67, 68, 71, 72.

Si les témoins habitent hors de la Commune, le
Juge d'Instruction pourra commettre le Juge de
Paix de leur habitation, à l'effet de recevoir leur déposition, et il enverra au Juge de Paix des notes et
des instructions qui feront connaître les faits sur
lesquels les témoins devront déposer.— Proc. Civ.
956.— Inst. crim. 70, 71, 76, 200, 303.

ART. 70. Si les témoins résident hors du ressort   84
du tribunal, le Juge d'Instruction requerra le Juge
d'Instruction du ressort dans lequel les témoins sont
résidents, de se transporter auprès d'eux, pour recevoir leurs dépositions.—Inst. crim.69, 71, 72, 76, 397.

Dans le cas où les témoins n'habiteraient pas la
commune du Juge d'Instruction ainsi requis, il pourra
commettre le Juge de Paix de leur demeure, à l'effet
de recevoir leurs dépositions. ainsi qu'il est dit dans
l'article précédent.— Proc. Civ. 956.

85.   Art. 71. Le Juge qui aura reçu les dépositions en conséquence des articles 69 et 70 ci-dessus, les enverra closes et cacheté au Juge d'Instruction du Tribunal saisi de l'affaire.— Inst. crim. 72.

86.   Art. 72. Si le témoin auprès duquel le juge se sera transporté, dans les cas prévus par les trois articles précédents, n'était pas dans l'impossibilité de comparaître sur la citation qui lui avait été donnée, le Juge d'Instruction décernera un mandat de dépôt contre le témoin et le médecin, chirurgien ou officier de santé qui aura délivré le certificat ci-dessus mentionné.— Inst. crim. 69, 77, 80.

La peine portée en pareil cas sera prononcée par le Juge d'Instruction du même lieu, et sur la réquisition du Commissaire du Gouvernement, en la forme prescrite par l'article 67.— Inst. crim. 13, 48.— C Pén. 121 et suiv., 194.

§ IV

DES PRÈUVES PAR ÉCRIT ET DES PIÈCES DE CONVICTION.

87.   Art. 73. Le Juge d'Instruction se transportera, s'il en est requis, et pourra même se transporter d'office dans le domicile du prévenu, pour y faire la perquisition des papiers, effets, et généralement de tous les objets qui seront jugés utiles à la manifestation de la vérité.— Inst. crim. 26 et suiv. 74 et suiv., 115, 163, 202, 360, 352 et suiv, 406 et suiv.

88.   Art. 74. Le juge d'Instruction pourra pareillement se transporter dans les autres lieux où il présumerait qu'on aurait caché les objets dont il est parlé dans l'article précédent.— Inst. crim. 37.

89.   Art. 75. Les dispositions des articles 25, 26, 27, 28 et 29 concernant la saisie des objets dont la perquisition peut être faite par le Commissaire du Gouvernement, dans le cas de flagrant délit, sont communes au Juge d'Instruction.— Inst. crim. 31.

90.   Art. 76. Si les papiers ou les effets dont il y aura lieu de faire la perquisition sont hors du ressort de son tribunal, le Juge d'Instruction requerra le Juge

d'Instruction du lieu où l'on peut les trouver, de procéder aux opérations prescrites par les articles précédents.— Proc. civ. 956.— Inst. crim. 69, 70, 200.

CHAPITRE VII
DES MANDATS DE COMPARUTION, D'AMENER, DE DÉPÔT ET D'ARRÊT.

ART. 77. Lorsque l'inculpé sera domicilié, et que le 92
fait sera de nature à ne donner lieu qu'à une peine correctionnelle, le Juge d'Instruction pourra, s'il le juge convenable, ne décerner contre l'inculpé qu'un mandat de comparution, sauf, après l'avoir interrogé, à convertir ce mandat en tel autre mandat qu'il appartiendra. — Inst. crim. 81, 94, 284.

Si l'inculpé fait défaut, le Juge d'Instruction décernera contre lui un mandat d'amener. —Inst. crim. 30.

Il décernera pareillement mandat d'amener contre toute personne, de quelque qualité qu'elle soit, inculpée d'un fait emportant peine afflictive ou infamante.— Inst. crim. 78 et suiv.— C. Pén. 7, 8.

On ne saurait voir dans la stricte exécution de la loi, quand il s'agit de la conversion d'un mandat d'amener en un mandat de dépôt aucun indice d'inimité ou ne parti pris, ou même de prévention de la part du juge d'instruction, encore moins des autres juges et du Commissaire du Gouvernement. Cass. 25 juin 1879.

ART. 78. Il peut aussi donner des mandats d'ame- 92
ner contre les témoins qui refusent de comparaître sur la citation à eux donnée, conformément à l'article 67, et sans préjudice de l'amende portée au dit article.— Inst. crim. 58 et suiv.

ART. 79. Dans le cas de mandat de comparution, 93
il interrogera de suite ; dans le cas de mandat d'amener, dans les vingt quatre heures au plus tard.

ART. 80. Après l'interrogatoire ou en cas de fuite 94d.
de l'inculpé, le Juge pourra décerner un mandat de dépôt ou d'arrêt, si le fait emporte la peine de l'emprisonnement ou une autre peine plus forte.

Il ne pourra décerner le mandat d'arrêt qu'après avoir entendu le Commissaire du Gouvernement.

Dans le cours de l'instruction, il pourra, sur les conclusions du Commissaire du Gouvernement et quelle que soit la nature de l'inculpation, donner mainlevée du mandat de dépôt ou d'arrêt à charge par l'inculpé de se représenter à tous les actes de la procédure et pour l'exécution du jugement, aussitôt qu'il en sera requis.

L'ordonnance de mainlevée n'est sujette à aucun recours. (1)

En droit, nul ne peut être arrêté ni détenu que dans les cas et suivant les formes établies par la loi. Et li aux termes de l'art. 3(C Inst. Crim la seule dénonciation dans le cas de flagrant délit ne constitue pas une présomption suffisante pour autoriser le Ministère public à décerner un mandat d'amener contre le prévenu qui est domicilié, alors même que le fait est de nature à emporter une peine afflictive ou infamante, à plus forte raison ce Magistrat ne peut, sur la prévention de simples délits susceptibles d'entrainer une peine correctionnelle, ordonner la détention de l'inculpé ayant domicile. D'ailleurs, il ressort du rapprochement et de la combinaison des articles 77 et 80, que hors les exceptions établies par les articles 22, 30 et 31 du même code, c'est au Juge d'instruction seul qu'il appartient de décider si le prévenu doit être placé dans les liens d'un mandat de dépôt ou d'arrêt. Cass. 23 Juin 1857.

95   ART. 81. Les mandats de comparution, d'amener et de dépôt, seront signés par celui qui les aura décernés et revêtus de son sceau. — Inst. crim. 91.

Le prévenu y sera nommé et désigné le plus clairement qu'il sera possible.

96   ART. 82. Les mêmes formalités seront observées dans le mandat d'arrêt : ce mandat contiendra de plus l'énonciation du fait pour lequel il est décerné, et la citation de la loi qui déclare que ce fait est un crime ou un délit. — Inst. crim. 77, 80, 83 et suiv., 94.

77d.   ART. 83. Les mandats de comparution, d'amener, de dépôt et d'arrêt, seront notifiés par un huissier,

(1) Ainsi modifié par la loi 29 Mars 1928.

ou par un agent de la force publique, lequel en fera l'exhibition au prévenu, et il lui en sera délivré copie.— Proc. Civ. 78.— Inst. crim. 18, 59, 221, 228 et suiv., 323.— Const. 1918 : art. 9.

ART. 84. Les mandats d'amener, de comparution, 97.d de dépôt et d'arrêt seront exécutoires dans toute l'étendue de la République.

Si le prévenu est trouvé hors du ressort de l'officier qui aura délivré le mandat de dépôt ou d'arrêt, il sera conduit devant le juge de paix ou son suppléant, lequel visera le mandat, sans pouvoir en empêcher l'exécution.— Inst. crim., 89, 91, 92.

ART. 85. Le prévenu qui refusera d'obéir au 93.d mandat d'amener, ou qui, après avoir déclaré qu'il est prêt à obéir, tentera de s'évader, devra être contraint.—Inst. Crim. 92, 438 et suiv.

Le porteur du mandat d'amener emploiera, au besoin, la force publique du lieu le plus voisin : elle sera tenue de marcher, sur la réquisition contenue dans le mandat d'amener.—Inst. Crim. 10, 16, 88, 90, 306.

ART. 86. Si, dans le cours de l'instruction, le Juge 105 saisi de l'affaire décerne un mandat d'arrêt, il pourra ordonner, par ce mandat, que le prévenu sera transféré dans la maison d'arrêt du lieu où se fait l'instruction.—Inst. Crim. 92, 440 et suiv.

S'il n'a pas exprimé dans le mandat d'arrêt que le prévenu sera ainsi transféré, il restera dans la maison d'arrêt de la Commune dans laquelle il aura été trouvé, jusqu'à ce qu'il ait été statué par le Juge d'Instruction conformément aux dispositions du Chapitre IX de la présente loi.

ART. 87. Si le prévenu, contre lequel il a été décerné un mandat d'amener, ne peut être trouvé, ce 105 mandat sera exhibé au Juge de Paix de la résidence du prévenu, qui mettra son visa sur l'original de l'acte de notification.—Inst. Crim. 66, 67, 83, 91, 128, et suiv., 159 et suiv., 177, 335 et suiv., 466.

ART. 88. Tout dépositaire de la force publique, et 103 même toute personne, sera tenue de saisir le prévenu surpris en flagrant délit, ou poursuivi, soit par la clameur publique, soit dans les cas assimilés au flagrant délit, et de le conduire devant le juge de paix, devant le Commissaire du Gouvernement ou le Juge d'Instruction, sans qu'il soit besoin de mandat d'amener.--Inst. Crim. 1C, 20, 30, 31, 85.- C. Pén. 7, 8.

107   ART. 89.   Sur l'exhibition du mandat de dépôt, le prévenu sera reçu et gardé dans la maison d'arrêt établie près le tribunal correctionnel; et le gardien remettra à l'agent de la force publique chargé de l'exécution du mandat, une reconnaissance de la remise du prévenu. —Inst. Crim. 81, 83, 84, 85, 93, 440 et suiv.

108   ART. 90.   L'officier chargé de l'exécution d'un mandat de dépôt ou d'arrêt, se fera accompagner d'une force suffisante pour que le prévenu ne puisse se soustraire à la loi.—Inst. Crim. 10, 16, 85, 88, 305.

Cette force sera prise dans le lieu le plus à portée de celui où le mandat d'arrêt ou de dépôt devra s'exécuter ; et elle est tenue de marcher, sur la réquisition directement faite au commandant et contenue dans le mandat.

109   ART. 91.   Si le prévenu ne peut être saisi, le mandat d'arrêt sera notifié à sa dernière demeure ; et il sera dressé procès-verbal de perquisition. —C. Civ. 90 ;—P. Civ. 78.—Inst. Crim. 83, 87.

Ce procès-verbal sera dressé en présence des deux plus proches voisins du prévenu, que le porteur du mandat d'arrêt pourra trouver ; ils le signeront, ou si'ils ne savent, ne peuvent ou ne veulent pas signer, il en sera fait mention, ainsi que de l'interpellation qui en aura été faite.

Le porteur du mandat d'arrêt fera ensuite viser son procès-verbal par le juge de paix ou son suppléant et lui en laissera copie.— Inst. Crim. 84, 87.

Le mandat d'arrêt et le procès verbal seront ensuite remis au greffier du tribunal.— Proc. Civ. 79, 5.

110   ART. 92.   Le prévenu saisi en vertu d'un mandat d'arrêt ou de dépôt, sera conduit, sans délai, dans la maison d'arrêt indiquée par le mandat.— Inst. Crim. 86, 89, 438 et suiv.

ART. 93. L'officier chargé de l'éxécution du man- 111d
dat d'arrêt ou de dépôt, remettra le prévenu au
gardien de la maison d'arrêt, qui lui en donnera dé
charge ; le tout dans la forme prescrite par l'article 89.

Il portera ensuite au greffe du tribunal les pièces
relatives à l'arrestation et en prendra reconnaissance.

ART. 94. L'inobservation des formalités prescrites 112
pour les mandats de comparution, d'amener, de dé
pôt et d'arrêt sera toujours punie d'une amende
de vingt gourdes au moins contre le greffier et,
s'il y a lieu, d'injonctions au Juge d'Instruction
et au Commissaire du Gouvernement, même de
prise à partie, s'il y échet.

CHAPITRE VIII
DE LA LIBERTÉ PROVISOIRE ET DU CAUTIONNEMENT

ART. 95. (Ainsi modifié par la loi du 20 Juillet 113
1929.) La liberté provisoire ne sera accordée au
prévenu lorsque le titre de l'accusation emportera
une peine afflictive ou infamante ou lorsqu'il s'agira
d'une inculpation de vol ou d'escroquerie.

ART. 96. Si le fait n'emporte pas une peine afflic- 114
tive ou infamante, mais seulement une peine correctionnelle, le Juge d'Instruction ordonnera, sur la demande du prévenu et sur les conclusions du Commissaire du Gouvernement, que le prévenu sera mis
provisoirement en liberté, moyennant caution solva-
ble de se présenter à tous les actes de la procédure
et pour l'exécution du jugement, aussitôt qu'il en sera requis.— C. Civ. 1803, 1807. — Proc. Civ. 442.— Inst.
crim 99 et suiv. 153.

La mise en liberté provisoire avec caution pourra
être demandée en tout état de cause.

ART. 97. Néanmoins les vagabonds et les repris de 114
justice ne pourront, en aucun cas, être mis en liberté provisoire. — Inst. crim. 196.

ART. 98. La demande en liberté provisoire sera 115
notifiée à la partie civile à son domicile ou à celui

117. qu'elle aura élu. — C. Civ. 981 — Proc. Civ. 781.
Inst.— Crim 4, 55, 99 et suiv. 160, 418.

Art. 99. La solvabilité de la caution offerte sera
discutée par le Commissaire du Gouvernement, et
par la partie civile, dûment appelée.

Elle devra être justifiée par des immeubles libres,
pour le montant du cautionnement et une moitié en
sus, si mieux n'aime la caution déposer entre les
mains du greffier le montant du cautionnement en
espèces.— C. Civ. 1784. — Inst. crim. 96, 100, 101, 103.

118. Art. 100. Le prévenu sera admis à être sa propre
caution, soit en déposant le montant du cautionnement, soit en justifiant d'immeubles libres pour le
montant du cautionnement et une moitié en sus, et
en faisant, dans l'un et l'autre cas, la soumission
dont il sera parlé ci-après.—Inst. Crim. 96, 98. 99, 102
et suiv.

119. Art. 101. Le cautionnement ne pourra être au-dessous de quatre cents gourdes. Si la peine correctionnelle était à la fois l'emprisonnement et une amende dont le double excéda quatre cents gourdes, le
cautionnement ne pourrait pas être exigé d'une somme plus forte que le double de cette amende.

S'il était résulté du délit un dommage civil appré-
ciable en argent, le cautionnement sera triple de la
valeur du dommage, ainsi qu'il sera arbitré, pour cet
effet seulement par le Juge d'Instruction, sans néanmoins que, dans ce cas, le cautionnement puisse être
au-dessus de quatre cents gourdes.— C. Civ. 1168 et
suiv. — Inst. Crim. 96. 98, 99.

120. Art. 102. La caution admise fera sa soumission,
soit au greffe du tribunal, soit devant notaires, de
payer, entre les mains du greffier, le montant du
cautionnement, en cas que le prévenu soit constitué
en défaut de se présenter. · C. Civ. 1102. — Inst.
crim. 96, 100.

Cette soumission entraînera la contrainte par
corps contre la caution : une expédition en forme
exécutoire en sera remise à la partie civile, avant
que le prévenu soit mis en liberté provisoire.— C. Civ.
1829 — Proc. Civ. 133.— Inst. crim. 1, 98, 99, 103, 170.

Art. 103. Les espèces déposées et les immeubles 121
servant de cautionnement, seront affectés par privilège : 1º au paiement des réparations civiles et des
frais avancés par la partie civile ; 2º aux amendes ;
le tout néanmoins sans préjudice du privilège du
trésor, à raison des frais faits par la partie publique.
C. Civ. 1168.— Proc. Civ. 137.— Inst. crim. 1, 55, 104
et suiv. 141, 167, 291.— C. Pén. 38.

Le Commissaire du Gouvernement et la partie
civile pourront prendre inscription hypothécaire, sans
attendre le jugement définitif. L'inscription prise à
la requête de l'un ou de l'autre, profitera à tous les
deux. - C. Civ. 1881, 1901, 1913.— Inst. crim. 13.

Art. 104. Le Juge d'Instruction rendra, le cas ar- 122
rivant, sur les conclusions du Ministère public, ou sur
la demande de la partie civile, une ordonnance pour
le paiement de la somme cautionnée. Inst. crim.
13, 44, 103, 105, 107.

Ce paiement sera poursuivi à la requête du Ministère public, et à la diligence du trésor. Les sommes recouvrées seront versées entre les mains du
Greffier, sans préjudice des poursuites et des droits
de la partie civile.

Art. 105. Le Juge d'Instruction délivrera dans la 123
même forme, et sur les mêmes réquisitions, une ordonnance de contrainte contre la caution ou les
cautions d'un individu mis sous la surveillance de la
haute police de l'Etat, lorsque celui-ci aura été condamné, par un jugement devenu irrévocable, pour
un crime ou pour un délit commis dans l'intervalle
déterminé par l'acte de cautionnement — Inst. crim.
104, 107.— C. Pén. 10, 31, 32.

Art. 106. Le prévenu ne sera mis en liberté provi- 124
soire sous caution, qu'après avoir élu domicile dans
le lieu où siège le tribunal correctionnel, par un acte
reçu au greffe de ce tribunal.— C Civ. 98.— Inst.
crim. 55, 96.

Art. 107. Outre les poursuites contre la caution, 125
s'il y a lieu, le prévenu sera saisi et écroué dans la
maison d'arrêt en exécution d'une ordonnance du
Juge d'Instruction — Inst. crim. 92, 104 et suiv

Art. 108. Le prévenu qui aurait laissé contraindre sa caution au paiement, ne sera plus à l'avenir, recevable, en aucun cas, à demander de nouveau sa liberté provisoire moyennant caution.— Inst. crim. 96, 104.

CHAPITRE IX
DES ORDONNANCES DES JUGES D'INSTRUCTION QUAND LA PROCÉDURE EST COMPLÈTE.

226   Art. 109. Le Juge d'Instruction statuera, par une seule et même décision, sur les délits connexes dont les pièces se trouvent en même temps produites devant lui.— Inst. crim., 110, 205, 323, 411, 423.

227   Art. 110. Les délits sont connexes, soit lorsqu'ils ont été commis en même temps par plusieurs personnes réunies, soit lorsqu'ils ont été commis par différentes personnes, même en différents temps et en divers lieux, mais par suite d'un concert formé entre elles ; soit lorsque les coupables ont commis les uns pour se procurer les moyens de commettre les autres, pour en faciliter, pour en consommer l'exécution, ou pour en assurer l'impunité.— Inst. crim. 204 et suiv. 325, 404, 416.

228   Art. 111. Sur la demande du Commissaire du Gouvernement, et même d'office, le Juge d'Instruction pourra procéder, s'il y échet, à de nouvelles informations qui se feront dans le plus court délai.

128   Art. 112. Si le Juge d'Instruction est d'avis que le fait ne présente ni crime, ni délit, ni contravention ou qu'il n'existe aucune charge contre l'inculpé, déclarera qu'il n'y a pas lieu à poursuivre et, si l'inculpé avait été arrêté, il sera mis en liberté.— Inst. crim. 77 et suiv., 86, 118, 139, 164, 281, 289, 439 et suiv. 455.— C. Pén. 1.

129   Art. 113. Si le Juge d'Instruction estime que le fait n'est qu'une simple contravention, il renverra l'inculpé devant le tribunal de simple police et l'inculpé sera mis en liberté s'il avait été arrêté.

130   Art. 114. Si le délit est reconnu de nature à être puni par des peines correctionnelles, le prévenu sera

renvoyé au Tribunal correctionnel.— Inst. crim. 153 et suiv., 155.

Si, dans ce cas, le délit peut entraîner la peine d'emprisonnement, le prévenu, s'il est en arrestation, y demeurera provisoirement. Inst. crim. — 77 et suiv., 112.

Si le délit n'est pas de nature à entraîner la peine d'emprisonnement, le prévenu sera mis en liberté, à la charge de se représenter, à jour fixe, devant le tribunal compétent.— Inst. crim. 112, 181.

Art. 115. Dans tous les cas de renvoi, soit au tribunal de police, soit au tribunal correctionnel, le Commissaire du Gouvernement est tenu d'envoyer, dans les vingt-quatre heures, au greffe du tribunal qui doit prononcer, toutes les pièces, après les avoir cotées.— Inst. crim. 13, 79, 155.   132d

Art. 116. Si le juge d'Instruction estime que le fait est de nature à être puni de peines afflictives ou infamantes et que la prévention contre l'inculpé est suffisamment établie, l'inculpé sera renvoyé au Tribunal criminel, et les pièces seront remises au Commissaire du Gouvernement pour être procédé ainsi qu'il sera dit au Chapitre des Mises en Accusation.— Inst. crim. 25 et suiv., 174 et suiv. — C. Pén. 7, 8.   133d

Art. 117. Le Juge d'Instruction décernera, dans ce cas, contre le prévenu, une ordonnance de prise de corps qui sera remise, avec les autres pièces, au Commissaire du Gouvernement.— Inst. crim. 77 et suiv.— 112, 116.   134

Cette ordonnance contiendra le nom du prévenu, son signalement, son domicile, s'ils sont connus, l'exposé du fait et la nature du délit.— Inst. crim. 81

Art. 118. Le prévenu, à l'égard duquel le juge d'Instruction aura déclaré qu'il n'y a lieu à renvoi devant aucun Tribunal, ne pourra plus, lorsque cette ordonnance aura acquis l'autorité de la chose jugée, être poursuivi en raison du même fait, à moins qu'il ne survienne de nouvelles charges.— Inst. crim. 120.   246

Art. 119. Les règles établies par le présent code

au Chapitre des Demandes en Cassation sont communes aux jugements en matière Criminelle ou Correctionnelle et aux ordonnances des Juges d'Instruction, sauf ce qui est prévu ci-après :

Le recours en Cassation est ouvert contre toute ordonnance du Juge d'Instruction rendue en matière de compétence ou dans les cas prévus aux articles 96, 112, 113, 114 et 116 du présent code.

Dans les 24 heures du dépôt de l'ordonnance, le greffier la transmet au Commissaire du Gouvernement avec toutes les pièces de la procédure.

Le pourvoi est formé à peine de déchéance dans un délai de trois jours qui court contre le Ministère Public, à partir de la date de la réception du dossier ; contre le prévenu ou la partie civile, à compter du jour où l'ordonnance leur sera signifiée à personne ou à domicile élu ou à domicile réel s'il n'y a pas domicile élu

Si le prévenu est en état de détention, les significations prévues au paragraphe précédent seront faites, dans les 48 heures de la réception du dossier, à peine de prise à partie contre le Commissaire du Gouvernement.

Lorsqu'il s'agira d'une ordonnance de mise en liberté, l'inculpé détenu gardera prison jusqu'à ce qu'il ait été statué sur le pourvoi, ou jusqu'à l'expiration du délai prévu en l'article 325 si la déclaration de pourvoi n'a pas été notifiée dans ce délai.

247   Art. 120. Sont considérés comme nouvelles charges, les déclarations des témoins, pièces et procès-verbaux, qui, n'ayant pu être soumis à l'examen de la Chambre du Conseil, sont cependant de nature, soit à fortifier les preuves qu'elle aurait trouvé trop faibles, soit à donner aux faits de nouveaux développements utiles à la manifestation de la vérité.— Inst. crim. 118.

248   Art. 121. L'officier de police ou le Juge d'Instruction qui aura recueilli les charges nouvelles, adressera, sans délai, copie des pièces au Commissaire du Gouvernement, sur la réquisition duquel la chambre du Conseil pourra nommer un juge devant lequel il

sera procédé au supplément d'instruction. — Inst. crim. 118, 120.

LOI No. 3.

Sur les Tribunaux de Police

CHAPITRE PREMIER

DES TRIBUNAUX DE SIMPLE POLICE

ART. 122. Sont considérés comme contravention 137d de police, les faits énuméres dans la loi No. 5 du Code Pénal.— Inst. crim. 153, 457, 458.— C. Pén. 1, 384 à 401.

ART. 123. La connaissance. des contraventions de police est attribuée au Juge de Paix qui jugera seul, comme Tribunal de Police.— Inst. Crim. 9, 10, 11, 38, 39, 41. (1)

ART. 124. Les citations pour contravention de po-145d lice seront faites à la requête de l'agent de police qui a dénoncé le fait, ou de la partie qui réclame.— Inst. Crim. 1, 53, 59, 125, 132, 142, 145, 146, 155.

Elles seront notifiées par un huissier de la justice de paix, et à défaut d'huissier, par un agent de la force publique : il en sera laissé copie au prévenu, ou à la personne civilement responsable, ou s'ils sont absents, à l'autorité de police du lieu ; il sera donné reçu de la citation. - C. Civ. 1170, 1566.— Pr. Civ. 78.— Inst. Crim. 51, 126.— C. Pén. 56.

(1) Suivant la loi du 28 Janvier 1915, il est établi près les Tribunaux de simple police, un Ministère Public dont les fonctions sont exercées par un agent de police.

146   ART. 125. La citation ne pourra être donnée à un délai moindre que vingt quatre heures, outre un jour par cinq lieues, à peine de nullité tant de la citation que du jugement qui serait rendu par défaut. Néanmoins cette nullité ne pourra être proposée qu'à la première audience, avant toute exception et défense.— Inst. Crim. 124, 129, 130, 133, 143.

Dans les cas urgents, les délais pourront être abrégés, et les parties citées à comparaître même dans le jour, et à heure indiquée, en vertu d'une cédule délivrée par le juge de paix.— Proc. Civ. 11, 37.

148   ART. 126. Les parties pourront comparaître volontairement et sur un simple avertissement, sans qu'il soit besoin de citation.

148   ART. 127. Avant le jour de l'audience, le Juge de Paix pourra, sur la réquisition de la partie civile ou même d'office, estimer ou faire estimer les dommages, dresser ou faire dresser des procès-verbaux, faire ou ordonner tous actes requérant célérité. — C. Civ. 939, 1168.—Proc civ.38, 42. —Inst. Crim. 1.33, 34, 53, 124.

149   ART. 128. Si la personne citée ne comparaît pas au jour et à l'heure fixés par la citation ou la cédule, elle sera jugée par défaut.— Inst. Crim. 129 à 131, 157, 159 à 161, 177, 356 et suiv. 459.

1.— Les Tribunaux de simple police ne peuvent en général connaitre de faits dont ils n'auraient pas été saisis ni par le Ministère Public ni par la partie civile lésée.

2.— La mention du nom de l'agent de police qui a rempli les fonctions de Ministère Publie n'est pas éxigée dans un jugement de simple police il suffit que le jugement constate qu'il a été prononcé en présence du Ministère Public.

3. — Les motifs implicites ne justiflent pas moins la décision à laquelle il se rapporte. L'article 148 Code. proc. civile n'a pas d'application en matière criminelle. — Cass. 6 Mai 1907.

Art. 129. La personne condamnée par défaut ne 150. sera plus recevable à s'opposer à l'exécution du jugement, si elle ne se présente à l'audience indiquée par l'article suivant, sauf ce qui sera ci-après réglé sur l'appel et le recours en cassation.— Inst. Crim. 128, 130, 146 et suiv., 151, 160, 161.

Art. 130. L'opposition au jugement par défaut 151. pourra être faite par la déclaration en réponse au bas de l'acte de signification, ou par acte notifié, dans les trois jours de la signification, outre un jour par cinq lieues. - Proc Civ. 78, 180, 954.— Inst. Crim. 129, 160, 161.

L'opposition emportera de droit citation à la première audience après l'expiration des délais et sera réputée non avenue, si l'opposant ne comparaît pas.

Art. 131. La personne citée comparaîtra par elle- 152. même, ou par un fondé de procuration spéciale. — C. Civ. 1751.— Inst. Crim. 128, 158.

Art. 132. L'instruction de chaque affaire sera pu- 153. blique, à peine de nullité, — Inst. crim. 163, 241, 313, 404.

Elle se fera dans l'ordre suivant: Les procès-verbaux, s'il y en a, seront lus par le greffier. Les témoins, s'il en a été appelé par la partie civile ou le juge seront entendus, s'il y a lieu ; la partie prendra ses conclusions.

La personne citée sera interpellée ou interrogée ; elle proposera sa défense et fera entendre ses témoins, si elle en a amené ou fait citer, et si, aux termes de l'article 136, elle est recevable à les produire.

Le Tribunal de Police prononcera le jugement dans l'audience du jour où l'instruction aura été terminée, ou, au plus tard, dans l'audience suivante.

Art. 133. Les contraventions seront prouvées, soit 154. par procès-verbaux ou par rapports, soit par témoins, à défaut de rapports ou de procès-verbaux à leur appui.— Inst. Crim. 1.— C. Pén. 1.

Art. 134. Nul ne sera admis, à peine de nullité, 155. à faire preuve par témoins outre ou contre le contenu aux procès-verbaux ou rapports des officiers et agents de police ayant reçu de la loi le pouvoir de constater les crimes, délits ou contraventions, jusqu'à inscription de faux. Quant aux procès-verbaux et rapports faits par des agents, préposés ou officiers auxquels la loi n'a pas accordé le droit d'en être crus jusqu'à inscription de faux, ils pourront être débattus par des preuves contraires, soit écrites, soit testimoniales, si le tribunal juge à propos de les admettre.— Inst. Crim. 11, 25, 125, 129, 136, 143, 150, 263, 313.

155.   ART. 135. Les témoins feront à l'audience, sous peine de nullité, le serment de dire toute la vérité, rien que la vérité, et le greffier dressera procès-verbal qui relatera cette formalité, ainsi que les noms, prénoms, âge, profession et demeure des dits témoins et leurs principales déclarations.

Ce procès-verbal sera signé par le Juge de Paix et le greffier.

156.   ART. 136. Les ascendants ou descendants de la personne prévenue, ses frères et sœurs ou alliés, en pareil degré, son conjoint, même après le divorce prononcé, ne seront ni appelés, ni reçus en témoignage, sans néanmoins que l'audition des personnes ci-desssus désignées puisse opérer une nullité, lorsque, soit la partie civile, soit le prévenu, ne se sont pas opposés à ce qu'elles soient entendues. — C. Civ. 2, 15.— Inst. Crim. 125, 135, 249, 254.

Les ascendants d'un prévenu, ses frères et sœurs ou alliés en pareil degré (alliés en pareil degré) s'entendent des époux, des frères et sœurs du prévenu Si le législateur pénal prohibe le témoignage de ces personnes en justice, et dans les conditions qu'il s'est donné la peine d'expliquer ; mais il n'a certainement pas étendu cette prohibition au delà de ce qu'il a indiqué. De telle sorte que, les cousins, les neveux ou nièces et alliés au même degré ne peuvent être exclus du droit de témoigner devant la justice contre ou pour un prévenu ni contre ou pour une partie plaignante. — Cass. 5 Oct. 1922.

157.   ART. 137. Les témoins qui ne satisferont pas à la citation pourront y être contraints par le Tribunal, qui, à cet effet, prononcera dans la même audience, sur le premier défaut, l'amende, et, en cas d'un second défaut, la contrainte par corps. —Proc. Civ. 265.— Inst. Crim. 67. 68, 138, 162, 285.— C. Pén. 121, 174.

ART. 138 Le témoin ainsi condamné à l'amende, 158.
sur le premier défaut, et qui, sur la seconde citation,
produira, devant le tribunal, des excuses légitimes,
pourra être décharge de l'amende.

‹ Si le témoin n'est pas cité de nouveau, il pourra
volontairement comparaître par lui, ou par un fondé
de procuration spéciale, à l'audience suivante, pour
présenter ses excuses, et obtenir, s'il y a lieu, décharge de l'amende.

ART. 139. Si le fait ne présente ni délit, ni con 159.
travention, le tribunal annulera la citation et tout
ce qui aura suivi, et statuera, par le même jugement, sur les demandes en dommages intérêts.

ART. 140. Si le fait est un délit qui emporte une 160.
peine correctionnelle ou plus grave, le tribunal renverra les parties devant le Commissaire du Gouvernement.

ART. 141. Si le prévenu est convaincu de contra- 161.
vention de police, le tribunal prononcera la peine et
statuera, par le même jugement, sur les demandes
en restitution et en dommages-intérêts.

ARr. 142. La partie qui succombera sera condam- 162.
née aux frais, même envers l'Etat.

Les dépens seront liquidés par le jugement.

ART. 143. Tout jugement de condamnation dé- 163.
finitif sera motivé, et les termes de la loi appliquée
y seront insérés, à peine de nullité.

Il y sera fait mention s'il est rendu en dernier
ressort ou en première instance.

ART. 144. La minute du jugement sera, dans les 164.
vingt quatre heures au plus tard, signée par le
Juge qui aura tenu l'audience, à peine de *dix gourdes*
d'amende contre le greffier et de prise a partie, s'il
y a lieu, tant contre le greffier que contre le Juge.

ART. 145. La partie civile poursuivra l'exécution
du jugement en ce qui la concerne.— Inst. Crim. 1, 165.
13.

ART. 146. Les jugements en matière de police, 172.
pourront être attaqués par la voie de l'appel, lorsqu'ils prononceront un empisonnement, ou lorsque
les amendes, restitutions et autres réparations ci

viles excéderont la somme de cinquante gourdes, outre les dépens.— Inst. Crim. 24, 124, 149, 193.

Les jugements, en matière de police peuvent être attaqués par la voie de l'appel, lorsqu'ils prononcent un emprisonnement, ou lorsque les amendes, restitutions, et autres réparations civiles excéderont la somme de cinquante gourdes, outre les dépens. Ce texte n'ayant pas été modifié par l'art. 39 de la loi sur l'appel, il en résul e que c'est la peine prononcée et non celle demandée, qui détermine si le jugement de simple police est en premier ou dernier ressort.— Cass 4 Avril 1922.

173   Art. 147. L'appel sera suspensif. .

174d   Art. 148. L'appel des jugements rendus par le tribunal de simple police sera porté au tribunal correctionnel.

Cet appel sera interjeté dans les dix jours de la signification de la sentence à personne ou domicile ; il sera suivi et jugé dans la même forme que les appels des sentences des justices de paix.— Proc. Civ. 78, 150, 401.

175   Art. 149. Lorsque, sur l'appel, le Ministère public ou l'une des parties le requerra les témoins pourront être entendus de nouveau, et il pourra même en être entendu d'autres Inst. Crim. 1, 13, 53, 132, 134.

L'audition en appel des témoins entendus en première instance, est une faculté dont la loi laisse l'exercice au pouvoir discrétionnaire des Juges d'Appel.— Cass. 24 Avril. 1923.

176   Art. 150. Les dispositions des articles précédents sur la solennité de l'instruction, la nature des preuves, la forme, l'authenticité et la signature du jugement définitif, la condamnation aux frais, ainsi que les peines que ces articles prononceront, seront communes aux jugements rendus sur l'appel, par les tribunaux correctionnels.— Inst. Crim. 132, 133, 135.

177   Art. 151. (Ainsi modifié par la loi du 20 Juillet 1929.) Pourront, s'il y a lieu, se pourvoir en Cassation contre les jugements rendus en dernier ressort par le Tribunal de simple police et contre les jugements rendus par le Tribunal correctionnel sur l'appel des jugements de police, le Ministère public, la partie civile, la partie civilement responsable et la partie condamnée.

Le recours aura lieu dans les forme et délai prescrits pour les jugements des Tribunaux correctionnels.

lais qui seront prescrits.— Inst. Crim. 173, 184, 303, 318, 319, 321 et suiv. 331.

ART. 152. Au commencement de chaque mois, les 178 Juges de Paix transmettront au Commissaire du Gouvernement, l'extrait des jugements de police qui auront été rendus dans le mois précédent et qui auront prononcé la peine de l'emprisonnement.

Cet extrait sera délivré sans frais par le greffier.— Inst. Crim. 13.

Le Commissaire du Gouvernement le déposera au Greffe du Tribunal Correctionnel, et en rendra un compte sommaire au Secrétaire d'Etat de la Justice.

CHAPITRE II
DES TRIBUNAUX CORRECTIONNELS.

ART. 153. Les Tribunaux de première instance connaîtront, sous le titre de Tribunaux correction- 179 nels, de tous les délits dont la connaissance n'est pas attribuée aux tribunaux de simple police, et qui ne seraient pas de nature à entraîner une peine afflictive ou infamante. — Proc. Civ. 57 et suiv. C. Com. 355. — Inst. Crim. 114, 143.

ART. 154. S'il se commet un délit correctionnel dans l'enceinte et pendant la durée de l'audience, 181d le Juge dressera procès-verbal du fait, entendra le prévenu, quel qu'il soit, ainsi que les témoins, et appliquera sans désemparer, les peines prévues par la loi. Dans ce cas, le pourvoi ne suspend pas l'exécution.

ART. 155. Le Tribunal sera saisi, en matière cor- rectionnelle, de la connaissance des délits de sa com- 182d pétence, soit par le renvoi qui lui en sera fait d'après les articles 116 et 142 (113 et 140) ci dessus, soit par la citation donnée directement au prévenu et aux personnes civilement responsables du délit par la partie civile ou par le Commissaire du Gouverne- ment. — Pr. Civ. 78. — Inst Crim. 51, 124, 153 175.

ART. 156. La partie civile fera, par l'acte de cita- 183

Le Juge correctionnel peut toujours modifier la qualification d'un délit soumis à son Jugement à la condition de ne puiser que dans les faits de la prevention primitive, les élémants de la nouvelle qualification.— Cass. 24 Fév. 1921.

tion, élection de domicile dans la ville où siège le tribunal ; la citation énoncera les faits, et tiendra lieu de plainte.— C. Civ. 28 — Inst. Crim. 4, 53, 55.

184   Art. 157. Il y aura au moins un délai de trois jours, outre un jour par cinq lieues, entre la citation et le jugement, à peine de nullité de la condamnation qui serait prononcée par défaut contre la personnne citée.— Proc. Civ. 51, 954. — Inst. Crim. 159, 313.

Néanmoins, cette nullité ne pourra être proposée qu'à la première audience, et avant toute exception ou défense. — Proc. Civ. 124.

185   Art. 158. Devant le Tribunal Correctionnel, le prévenu est admis à se faire représenter par un avocat.

Néanmoins, le Juge pourra ordonner la comparution personnelle, s'il l'estime nécessaire à l'instruction de la cause.

Le Jugement qui ordonne la comparution ne sera ni levé ni signifié.

Si la partie n'obtempère pas à cette décision, le Jugement sur le fond ne sera pas susceptible d'opposition.—C.Civ. 1751.— Proc. Civ.86.— Inst.Crim. 128.

186   Art. 159. Si le prévenu ne comparait pas en personne sur la citation ou ne se fait pas représenter par un avocat, il sera jugé par défaut. — Inst. Crim. 128 à 130, 160, 163, 168, 167, 356 et suiv. 459.

187   Art. 160. La condamnation par défaut sera comme non-avenue, si, dans les cinq jours de la signification qui en aura été faite au prévenu, ou à son domicile, outre un jour par cinq lieues, celui-ci forme opposition à l'exécution du jugement, et notifie son opposition tant au Ministère Public qu'à la partie civile. — Proc. Civ. 78, — Inst. Crim. 59, 131, 156, 157, 159, 160 418.

Néanmoins, les frais de l'expédition, de la signification du jugement par défaut, et de l'opposition, demeureront à la charge du prévenu. — C. Civ. 1169 Inst . Crim. 142.

Art. 161. L'opposition comportera de droit citation à la première audience. — Inst. Crim. 130, 157, 159 et suiv.

Elle sera non avenue si l'opposant ne comparaît pas, et le jugement que le Tribunal aura rendu sur l'opposition ne pourra être attaqué par la partie civile qui l'aura formée si ce n'est par la voie de Cassation.

Le Tribunal pourra, si le cas y échet. accorder une provision et cette disposition sera exécutoire non-obstant le pourvoi.— C. Civ. 939.— Proc. Civ. 142.

ART. 162. La preuve des délits correctionnels se 189d fera de la manière prescrite par les articles 131. 132, 133 et 134 ci-dessus concernant les contraventions. de police. Les dispositions des articles 137, 138, 139, 140 et 141 sont communes aux tribunaux correction-nels — Inst. Crim. 188, 242, 243, 248, 249.

ART. 163.— L'Instruction sera publique, à peine de 190 nullité.

Le Ministère public, la partie civile ou son défen-seur exposeront l'affaire ;

Les procès-verbaux ou rapports. s'il en a été dres-sé, seront lus par le greffier ;

Les témoins pour et contre seront entendus, s'il y a lieu, et les reproches proposés et jugés ;

Les pièces pouvant servir à conviction ou à déchar-ge seront representées aux témoins et aux parties ;

Le prévenu sera interrogé ;

Le prévenu et les personnes civilement responsa-bles proposeront leurs défenses ;·

Le Commissaire du Gouvernement donnera ses conclusions ;

Le prévenu et les personnes civilement respon-sables du délit auront toujours la parole en dernier :

Le jugement sera prononcé de suite, ou au plus tard, à l'audience qui suivra celle où l'instruction aura été terminée.— Inst. Crim. 11, 30, 53, 67, 132, 135 et suiv., 146, 162, 242. — C Pén. 18, 28.

ART. 164. Si le fait n'est réputé ni délit. ni con- 191 travention de police, le tribunal annulera l'instruc tion, la citation et tout ce qui aura suivi, renverra le prévenu, et statuera sur les demandes en domma-ges intérêts.   C. Civ. 939, 1163. — Proc. Civ. 135. -- Inst. Crim. 112, 139, 289.

192d   ART. 165. Si le fait n'est qu'une contravention de police, et si la partie civile ou la partie publique n'a pas demandé le renvoi, le Tribunal appliquera la peine, et statuera, s'il y a lieu, sur les dommages-intérêts. C. Civ. 939, 1168.— Proc. Civ. 135 et suiv. 122, Crim153,nst. et suiv. 238.

193d   ART. 166. Si le fait est de nature à mériter une peine afflictive ou infamante, le Tribunal pourra décerner de suite le mandat de dépôt ou un décret de prise de corps contre le prévenu ; et si le Tribunal est saisi de la cause par l'ordonnance de renvoi, il renverra l'affaire et l'accusé au Tribunal criminel ; et s'il en est saisi par citation directe, il renverra le prévenu devant le Juge d'Instruction.— Inst. Crim. 44. 80, et suiv.— C. Pén. 7, 8.

194   ART. 167. Tout jugement de condamnation rendu contre le prévenu et contre les personnes civilement responsables du délit, ou contre la partie civile, les condamnera aux frais, même envers la partie publique.

Les frais seront liquidés par le même jugement.— C. Civ. 1170.— Proc. Civ. 137.— Inst. Crim. 124, 142, 160, 296, 298, 336, 376.— C. Pén. 56.

195d   ART. 168. Dans le dispositif de tout jugement de condamnation, seront énoncés les faits dont les prévenus seront jugés coupables ou responsables, la peine et les condamnations civiles.

Le texte de la loi dont on fera l'application sera lu à l'audience par le Juge.

Il sera fait mention de cette lecture dans le jugement, et le texte de la loi y sera inséré.

L'inobservance de ce qui est ci-dessus prescrit entraînera une amende de *dix gourdes* contre le greffier, sans préjudice, s'il y a lieu, des poursuites contre le juge.— Inst. Crim. 143, 299.

196   ART. 169. La minute du jugement sera signée au plus tard dans les vingt-quatre heures, par le juge qui l'aura rendu.

Les greffiers qui délivreront expédition d'un jugement, avant qu'il ait été signé, seront poursuivis comme faussaires.— Proc. Civ. 146.— Inst. Crim. 347 et suiv.— C. Pén. 107 et suiv.

Les Commissaires du Gouvernement se feront représenter tous les trois mois, les minutes des jugements ; et, en cas de contravention au présent article, ils en dresseront procès-verbal, pour être procédé ainsi qu'il appartiendra.— Inst. Crim. 13.

ART. 170. Le jugement sera exécuté à la requête 197
du Ministère public et de la partie civile, chacun
en ce qui le concerne.— Inst. Crim. 1, 13, 63, 145.

Néanmoins, les poursuites pour le recouvrement
des amendes et confiscations, seront faites au nom
du Ministère public par le greffier.

ART. 171. Le Commissaire du Gouvernement sera 198
tenu, dans les quinze jours qui suivront la prononciation du jugement, d'en envoyer un extrait au Secrétaire d'Etat de la Justice.--Inst. Crim. 13, 152, 190.

ART. 172. Les dispositions des articles 39 et 57
de la loi du 4 Septembre 1918 sur l'organisation et
les attributions des Tribunaux d'Appel seront suivies pour l'appel des jugements des Tribunaux de
première instnnce, rendus en matière correctionnelle

ART. 173. (Ainsi modifié par la loi du 20 Juillet 216
1929.) La partie publique, la partie civile, le prévenu, la partie civilement responsable du délit,
pourront se pourvoir en Cassation contre le jugement, dans les trois jours du prononcé par déclaration au greffe du Tribunal qui a rendu le jugement.

Mais si le jugement est par défaut, le délai du
pourvoi ne commence à courir qu'à l'expiration du
délai d'opposition.

Ces delais sont suspensifs.

LOI No. 4
Sur les Tribunaux Criminel et le Jury.

CHAPITRE PREMIER
DES MISES EN ACCUSATION

ART. 174. L'ordonnance de renvoi sera signifiée 242
au prévenu dans le délai de cinq jours francs de sa
date, et il lui en sera laissé copie. — Proc. Civ. 78.

ART. 175. Dans tous les cas où le prévenu sera 241
renvoyé au Tribunal criminel, le Commissaire du

Gouvernement sera tenu de rédiger un acte d'accusation.

L'acte d'accusation exposera : 1° la nature du crime qui forme la base de l'accusation ; 2° le fait, et toutes les circonstances qui peuvent aggraver ou diminuer la peine ; le prévenu y sera dénommé et clairement désigné.

L'acte d'accusation sera terminé par le résumé suivant : En conséquance, N ..... est accusé d'avoir commis tel meurtre, tel vol, ou tel autre crime, avec telle ou telle circonstance.— Inst. Crim. 190.

242   ART. 176. L'acte d'accusation sera signifié à l'accusé huit jours au moins avant celui où il doit comparaître devant le Tribunal criminel; et il lui en sera laissé copie.— Proc. Civ. 78.— Inst. Crim. 18, 175.

243   Dans les vingt quatre heures de cette signification l'accusé sera transféré, s'il n'y est déjà, dans la maison de justice de la commune où il devra être jugé.— Inst. Crim. 440 et suiv.

244   ART. 177. Si l'accusé ne peut être saisi, ou ne se présente point, on procédera contre lui par contumace, ainsi qu'il sera réglé ci-après au Chapitre *des Contumaces.*—C. Civ 28 et suiv. - Inst Crim. 128 à 130.

CHAPITRE II.
DE LA FORMATION DES TRIBUNAUX CRIMINELS.

251   ART. 178. Il sera établi des tribunaux criminels
258   dans toutes les villes où il y aura des Tribunaux de Première instance.- Inst. Crim. 116, 117, 206.

ART. 179. Le Doyen du Tribunal de Première Instance présidera le Tribunal Criminel.

Il pourra, à chaque session, suivant le nombre des affaires, désigner un ou plusieurs juges pour le suppléer.

ART. 180. (Ainsi modifié par la loi du 20 Juillet 1929.) Il y aura une session criminelle au moins tous les six mois pour les affaires relative au Jury ; mais les affaires qui doivent être soumises au Tribunal criminel siégeant sans l'assistance du jury seront appelées et jugees au jour fixé par ordonnance du Doyen.

ART. 181. Le jour où la session criminelle doit s'ouvrir est fixé par le Doyen du tribunal criminel.

L'ordonnance rendue à cet effet est publiée au Journal Officiel et affichée à la Justice de Paix, au Conseil Communal de chacune des Communes du ressort, huit jours au moins auparavant.—Is .Crim. 185.

Art. 182. La session ne sera close qu'après que toutes les affaires qui étaient en état, lors de son ouverture, y auront été portées. Le Commissaire du Gouvernement veillera, sous sa responsabilité, à l'observance de cette formalité.

261   Art. 183 Les accusés qui ne seront arrivés dans la maison de Justice qu'après l'ouverture du Tribunal criminel, ne pourront y être jugés que lorsque le Ministère public l'aura requis, lorsque les accusés y auront consenti, et lorsque le Doyen du Tribunal criminel l'aura ordonné.—Inst. Crim. 181.

En ce cas, le Ministère public et les accusés seront considérés comme ayant renoncé à la faculté de se pourvoir en nullité contre l'ordonnance de renvoi au Tribunal criminel.— Inst. Crim. 409.

262.   Art. 184. Les jugements du Tribunal criminel ne pourront être attaqués que par la voie de la Cassation, et dans les formes déterminées par la loi.— Inst. Crim. 306 et suiv., 314 et suiv.

§ I

Fonctions du Doyen du Tribunal Criminel

266.   Art. 185. Le Doyen du Tribunal criminel est chargé:
1° D'entendre l'accusé, lors de son arrivée dans la maison de justice ;
2° De convoquer les jurés, et de les tirer au sort. — Inst. Crim. 181, 183, 186 et suiv., 197, 302 et suiv.

267.   Art. 186. Le Doyen du Tribunal criminel est chargé de diriger les jurés dans l'exercice de leurs fonctions, même de leur rappeler leur devoir, de diriger toute l'instruction et de déterminer l'ordre entre ceux qui demanderont à parler.— Inst. Crim. 234, 237, 265, 272, 273, 276.

Il aura la police de l'audience.— Proc. Civ. 15 et suiv., 94 et suiv.— Inst. Crim. 154, 333 et suiv.— C. Pén. 183 et suiv.

Art. 187. Le Doyen est investi d'un pouvoir dis- 268.
crétionnaire, en vertu duquel il pourra prendre sur
lui tout ce qu'il croira utile et permis pour découvrir
la vérité ; et la loi charge son honneur et sa conscience d'employer tous ses efforts pour en favoriser
la manifestation. — Inst. Crim. 186, 188, 252, 368.

Art. 188. Il pourra, dans le cours des débats, ap- 269.
peler, même par mandat d'amener, et entendre toutes personnes, ou se faire apporter toutes nouvelles
pièces qui lui paraîtraient, d'après les nouveaux
développements donnés à l'audience, soit par les
accusés, soit par les témoins, pouvoir répandre un
jour utile sur le fait contesté.— Inst. Crim. 27, 67,
187, 240, 252.

Les témoins ainsi appelés ne prêteront point serment, et leurs déclarations ne seront considérées que
comme renseignements.

Art. 189. Le Doyen du Tribunal criminel devra re- 270.
jeter tout ce qui tendrait à prolonger les débats sans
donner lieu d'espérer plus de certitude dans les ré-
sultats.

§ II

Fonctions du Ministère Public

Art. 190. Le Ministère public poursuivra toute 271.
personne mise en accusation suivant les formes
prescrites au Chapitre premier de la présente loi. Il
ne pourra porter au Tribunal criminel aucune autre
accusation, à peine de nullité, et, s'il y a lieu, de prise
à partie. — Proc. Civ. 438 et suiv. — Inst. Crim. 152,
171, 175, 183 et suiv. 191 et suiv., 202, 240 et suiv.,
253, 256, 278, 281, 285, 296, 299, 302, 306, 357, 363, 370,
398, 440, 445. — Code Pén. 91.

Art. 191. Aussitôt que le Ministère public aura 272.
reçu les pièces, il apportera tous ses soins à ce que
les actes préliminaires soient faits, et que tout soit
en état, pour que les débats puissent commencer à
l'époque de l'ouverture du Tribunal criminel.— Inst.
Crim. 176, 181.

Art. 192. Il ne pourra s'absenter pendant les dé- 273.
bats ; après la déclaration de culpabilité, il requer-

ra l'application de la peine ; il sera présént à la prononciation du jugement.— Inst. Crim. 193 et suiv.,
281, 285, 287, 288.

274.   Art 193. Il fait au nom de la Loi toutes les réquisitions qu'il juge utiles ; le Tribunal criminel est tenu
de lui en donner acte et de statuer sur la dite réquisition. — Inst. Crim. 194. 195, 306.

277.   Art. 194. Les réquisitions du Ministère public doivent être de lui signées ; celles qu'il fera dans le
cours d'un debat, seront retenues par le greffier sur
le procès-verbal, et elles seront signées par le Ministère public.

Toutes décisions auxquelles auront donné lieu des
réquisitions seront signées par le Doyen du Tribunal criminel et par le greffier.— Inst. Crim. 193, 195,
254, 295.

273.   Art. 195. Lorsque le Tribunal criminel ne défé-
rera pas à la réquisition du Ministère public, l'instruction ni le jugement ne seront arrêtés ni suspen-
dus ; sauf, après le jugement, le recours en Cassation par le Ministère public, s'il y a lieu.— Inst.
Crim. 193, 194, 306 et suiv , 314 et suiv.

279.   Art. 196. Tous les officiers de police judiciaire, ex-
cepté les juges d'Instruction, sont soumis à la surveillance du Commissaire du Gouvernement.— Inst.
Crim. 9, 44.

Tous ceux qui, d'après l'article 9 du présent Code,
sont, à raison de leurs fonctions, même adminis-
tratives, appelés par la loi à faire quelque acte de
la police judiciaire, sont, sous ce rapport seulement,
soumis à la même surveillance.

En cas de négligence de leur part, le Commissaire
du Gouvernement leur donnera un premier avertissement dont il sera gardé copie ; en cas de récidive,
il les dénoncera au Secrétaire d'Etat de la Justice.

Il y aura récidive, lorsque le fonctionnaire sera repris pour le même fait avant l'expiration d'une année, à compter du jour du précédent avertissement.

En ce qui concerne le Juge d'Instruction, qui est
indépendant du Commissaire du Gouvernement,
celui-ci aura pour obligation de signaler au Dépar-

tement de la Justice tout retard, toute négligence apportés par le Magistrat instructeur à l'expédition des affaires qui lui sont soumises.

CHAPITRE III

DE LA PROCÉDURE DEVANT LE TRIBUNAL CRIMINEL

ART. 197. Vingt-quatre heures, au plus tard, après 293. la translation de l'accusé dans la maison de Justice, le Commissaire du Gouvernement transmettra les pièces de l'affaire au Doyen du Tribunal Criminel.

Dans le cas où le prévenu serait, dès le début de l'instruction, écroué dans la Maison de Justice, la transmission des pièces au Doyen aura lieu huit jours au moins avant l'ouverture des assises.

Le Doyen ou l'un de ses suppléants interrogera l'accusé, dans les vingt-quatre heures de la réception du dossier. — Inst. Crim. 79, 185.

ART. 198. L'accusé sera interpellé de déclarer le 294 choix qu'il aura fait d'un conseil pour l'aider dans sa défense ; sinon, le juge lui en désignera un sur le champ, à peine de nullité de tout ce qui suivra. Cette désignation sera comme non avenue, et la nullité ne sera pas prononcée, si l'accusé choisit un conseil. — Inst. Crim. 199, 202, 225, 236, 244, 259, 306, 359.

ART. 199. Le Conseil de l'accusé ne pourra être 295d désigné par le juge que parmi les défenseurs publics du ressort.

L'accusé pourra choisir son conseil dans le ressort et hors du ressort ; il pourra également prendre pour son Conseil un de ses parents ou amis avec l'agrément du Doyen du Tribunal Criminel. — Proc. Civ. 86. — Inst. Crim. 158.

Le Conseil de l'accusé pourra communiquer avec lui aussitôt après la prononciation de l'ordonnance de renvoi.

Il pourra prendre communication des pièces de la procédure sans déplacement et sans retarder l'instruction La même faculté appartient à l'accusé lui-même. Toute pièce nouvelle sera, avant d'être soumise au jury, communiquée à l'accusé et à son conseil.

A cet effet, l'accusé ou son conseil pourront requérir du Parquet ou du Greffier, au moment de prendre communication du dossier, une copie certifiée de
l'inventaire des pièces composant le dit dossier.

ART. 200. S'il y a de nouveaux témoins à enten- 303
dre, et qu'ils résident hors du lieu où se tient le Tribunal criminel, le Doyen du dit Tribunal pourra
commettre, pour recevoir leurs dépositions, le Juge
de paix d'une autre commune ou le Juge d'Instruction d'un autre ressort ; celui ci-après les avoir
reçues, les enverra closes et cachetées au greffier
qui doit exercer ses fonctions au Tribunal criminel,
— Proc. Civ. 956 — Inst. Crim. 68 à 70, 76, 249, 325.

ART. 201. Les témoins qui n'auront pas comparu 304
sur la citation du Doyen du Tribunal criminel, ou du
juge commis par lui et qui n'auront pas justifié qu'ils
en étaient légitimement empêchés, ou qui refuseront
de faire leurs dépositions, seront jugés par le Tribunal Criminel, et punis conformément à l'article 67·

ART. 202. Les conseils des accusés pourront pren- 305
dre ou faire prendre, a leurs frais, copie de telles
pièces qu'ils jugeront utiles à leur défense. — Inst.
Crim. 198, 200.

Il ne sera délivré gratuitement aux accusés, en
quelque nombre qu'ils puissent être, et dans tous
les cas, qu'une seule copie des procès-verbaux cons-
tatant le délit, et des déclarations écrites des témoins.— Inst. Crim. 32, 63, 243.

Le Doyen du Tribunal criminel, les Juges, le
Ministère public sont tenus de veiller à l'exécution
du présent article.

ART. 203. Si le Ministère public ou l'accusé ont des 306
motifs pour demander que l'affaire ne soit pas portée à la première assemblée du Jury, ils présente-
ront au Doyen du Tribunal, avant le jour fixé pour
la passation de l'affaire, une requête en prorogation
de délai. Le Magistrat décidera, le Ministère public
et le Conseil de l'accusé entendus, si cette prorogation doit être accordée ; il pourra aussi, d'office
proroger le délai. — Inst. Crim. 185.

ART. 204. Lorsqu'il aura été formé, à raison du 307

même crime, plusieurs actes d'accusation contre différents accusés, le Ministère public pourra réquérir la jonction, et le président des assises pourra l'ordonner, même d'office ; le tout, en Chambre du Conseil, le conseil de l'accusé entendu, et avant le jour fixé pour l'audition de la cause. — Inst. Crim. 109, 175, 205,

308   Art. 205. Lorsque l'acte d'accusation contiendra plusieurs crimes non connexes, le Ministère public, pourra réquérir que les accusés ne soient mis en jugement, quant a présent, que sur l'un ou quelques uns de ces crimes, et le Doyen pourra l'ordonner même d'office, en Chambre du Conseil, le conseil de l'accusé entendu, toujours avant le jour fixé pour l'audition de la cause. – Inst. Crim. 109, 110, 193, 326, 404 et suiv. 416.

CHAPITRE IV
DU JURY ET DE LA MANIÈRE DE LE FORMER
SECTION I
DU JURY

381   Art. 206. Sont tenus de remplir les fonctions de jurés, tous les citoyens âgés de vingt-cinq ans accomplis, jouissant des droits politiques et civils, sauf les incapacités, incompatibilités et dispenses ci-après indiquées.

383d   Art. 207. Sont incapables d'être jurés :

1º Les individus qui ont été condamnés, soit à des peines afflictives et infamantes, soit à des peines infamantes seulement ;

2º Ceux qui ont été condamnés à des peines correctionnelles pour des faits qualifiés *"crimes"* par la loi ;

3º Les condamnés à l'emprisonnement pour : vol, escroquerie, abus de confiance et tous attentats aux mœurs de l'espèce mentionnée aux articles 278 et 282 du Code Pénal ;

4º Les condamnés à l'emprisonnement pour vagabondage et mendicité ;

5⁰ Ceux qui sont en état d accusation ou de contumace ;

6° Ceux qui sont sous mandat d'arrêt ou de dépôt ;

7⁰ Les notaires et autaes officiers ministériels destitués en vertu d'une décision de justice ;

8° Les avocats rayes du tableau de l'Ordre en vertu d'une déc sion définitive du Conseil de discipline ;

9⁰ Les faillis non réhabilités ; .

10⁰ Les condamnés auxquels les fonctions de juré ont été interdites en vertu d'un jugement, mais seulement pendant la durée de cette interdiction.

Sont également incapables d'être jurés :

Les interdits, les individus pourvus d'un conseil judiciaire, les personnes ne sachant ni lire ni écrire.

ART. 208. Les fonctions de jurés sont incompatibles avec celles : de Sécrétaire d'État, de Sous-Secretaires d'Etat, de juges, d'officiers des Parquets. de Prefets, de Conseillers Communaux, de Greffiers, d'Huissiers et d'Agents de la Force Publique.

Sont dispensés des fonctions de jurés : les Membres du Corps Législatif. les Membres du Corps Enseignant. tous Ministres du Culte reconnus par l'Etat, les fonctionnaires ou préposes du Service actif des Douanes, des Contributions et des Télégraphes.

Peuvent être par le Doyen dispensés des fonctions de jurés lorsqu'ils le requièrent :

1⁰ Ceux qui ont rempli les dites fonctions pendant l'année courante ou l'année précédente ;

2⁰ Les fonctionnaires de l'Ordre administratif ;

3⁰ Les septuagénaires ;

4⁰ Ceux qui vivent de leur travail manuel et journalier.

ART. 209. Dês la mise en vigueur des présentes dispositions une commission composée, dans chaque Commune, du Magistrat communal ou de son suppléant, du Juge de paix et de l'un des notaires de la Commune désigné par le Juge de Paix, dressera, par ordre alphabétique, la liste générale des citoyens de-

Dans la loi du 28 Mars 1928 publiée au Moniteur, les modifications ci-dessus figurent comme étant celles des articles 214 et 215 du Code d'Instruction Criminelle.

— 48 —

meurant dans la Commune depuis au moins une année, aptes à remplir les fonctions de jurés. La commission sera présidée par le Juge de Paix. — Inst.
Crim. 206, 221.

Cette liste comportera les noms et prénoms de
chaque citoyen, son âge, sa demeure, sa profession.

Les fonctionnaires publics et tous les citoyens
requis à cet effet seront tenus de fournir à la commission tous renseignements propres à faciliter sa
mission.

Cette liste sera immédiatement affichée à la principale porte tant du Conseil Communal que de la
Justice de Paix.

Ce travail devra être accompli dans un délai maximum d'un mois à partir de la promulgation de la
présente loi.

Art. 210. Cette commission se réunira, en outre,
chaque année, du 1er au 15 Août, à l'effet d'introduire dans la liste générale les modifications rendues
nécessaires par les événements de l'année précédente.

Art. 211 Cette liste générale, ainsi que les réclamations des interessés, s'il en a été produit, sera
adressée, du 15 au 31 Août, par le Juge de Paix au
Doyen du Tribunal criminel et au Commissaire du
Gouvernement du ressort. Faute d'envoi, dans ce délai, le Juge de Paix sera passible d'une retenue d'un
30e. de son traitement pour chaque jour de retard.

En cas de récidive, il sera passible de révocation.

Le Commissaire du Gouvernement, sous peine de
suspension ou même de révocation, sera tenu, dès l'expiration du délai, de réclamer les listes et de dénoncer les retardataires au Département de la Justice en
vue de l'application des peines ci-dessus prévues.

Art. 212 * Un mois avant l'ouverture de chaque
Session criminelle le Doyen du Tribunal criminel convoquera une Commission composée du dit Doyen,
président ; du Commissaire du Gouvernement et du
Magistrat Communal du Chef lieu du ressort.

Art. 213. Cette Commission a pour mission :

1º de statuer sur les réclamations des personnes

* C'est par erreur de numérotage dans l'édition du Département de
la Justice qu'après l'article 211 on trouve 219 au lieu de 212.

inscrites sur les listes générales, d'inscrire d'office les personnes dont. les noms auraient été omis et de radier les noms de celles qui auraient été à tort inscrites ;

2° d'arrêter le nombre des jurés nécessaires au jugement des affaires en état et de le répartir entre les diverses Communes du ressort, en proportion du nombre des citoyens portés sur les diverses listes. Ce nombre ne peut être inférieur à quarante.

3° de tirer au sort, sur chaque liste, le nombre de Jurés à fournir pour chaque commune.

Un procès-verbal de ces opérations sera immédiatement dressé.

ART. 214. La liste de la session ainsi arrêtée, le Doyen du Tribunal criminel fera parvenir, sans délai, au Juge de Paix de chacune des Communes du ressort, les noms des Jurés à fournir par la dite commune, en lui faisant connaitre en même temps, la date de l'ouverture de la session.

Le Juge de Paix donnera avis à chaque juré par lettre recommandée avec avis de réception d'avoir à se trouver, au siège du Tribunal criminel aux jour et heure fixés pour l'ouverture de la Session. Les peines qui seraient encourues, en cas d'abstention. seront indiquées dans la lettre d'avis. Cette notification sera faite huit jours au moins avant l'ouverture de la Session.

Le Juge de Paix retournera au Commissaires du Gouvernement les récépissés de la poste dûment signés de chaque juré.

ART. 215. Les jurés qui auront figuré sur la liste d'une Session, et qui auront satisfait à la convocation, sont dispensés de participer au tirage au sort suivant, jusqu'à ce que les listes générales aient été complètement épuisées. Leurs noms seront éliminés avant le tirage au sort, au fur et à mesure qu'ils sortiront de l'urne.

Néanmoins, ceux des jurés qui résident dans le lieu où siège la Cour d'assises, pourront être toujours appelés par le Doyen du Tribunal criminel dans les cas prévus en l'article 228 devenu 219.

ART. 216. Copie de la liste arrêtée pour chaque Session sera adressée par le Commissaire du Gouvernement au Département de la Justice. Il y joindra les noms de ceux qui, à la Session précédente, n'ont pas répondu à la convocation.

Les noms de ces jurés seront d'office reportés, sans tirage au sort, sur la liste de la prochaine Session.

ART. 217. Outre les peines prévues ci-après, nul ne pourra être appelée à une fonction ou à un emploi de l'ordre administratif ou judiciaire, ou maintenu dans une de ces fonctions, s'il a refusé de remplir les fonctions de juré.

ART. 218. Nul ne peut siéger comme juré dans la même affaire où il a été agent de la police judiciaire, témoin, interprète, expert ou partie, à peine de nullité du jugement. — Inst. Crim 206, 221, 222.

SECTION II

DE LA MANIÈRE DE FORMER ET DE COMPOSER LE JURY

ART. 219. Au jour indiqué pour le jugement de 394. chaque affaire, s'il y a moins de trente jurés présents, ce nombre sera complété par des jurés supplémentaires, pris par la voie du sort, par le Doyen du Tribunal criminel sur la liste générale de la commune où siège le tribunal, même parmi les jurés ayant siégés à la précédente Session. Ces jurés supplémentaires seront tenus de se rendre immédiatément à l'audience sur l'exhibition qui leur sera faite de la minute de l'ordonnance signée du président, sous les mêmes peines portées en l'article 231 devenu 222.

Ce tirage au sort aura lieu en présence du Commissaire du Gouvernement, de l'accusé et de son Conseil. Mention en sera faite sur le procès-verbal de l'audience ; les jurés ainsi appelés ne peuvent figurer que dans l'affaire à l'occasion de laquelle ils ont été spécialement appelés. Cette affaire jugée leur mission cesse.

Jugé que la violation ou l'omission des formalités subs'antielles prescrites pour la formation du jury et de toutes celles de nature à assurer le respect dû au droit sacré de la défense entrainent la nullité du jugement de condamnation.

Jugé qu'en vertu de l'alinéa additionnel ajouté à l'art 2 3 Inst Crim. que s'il s'élève un incident au cours du tirage au sort, le Doyen le tranchera. Que le procès-verbal d'audience doit mentionner toutes les opé-rations prescrites pour la formalité du jury ainsi que les incidents qui ont pu surgir.

Cass- 28 Octobre 1926.

ART. 220. Le nombre de douze jurés est nécessaire pour former un jury. Lorsqu'un procès paraitra de nature à entrainer de longs débats, le Doyen du Tribunal criminel pourra ordonner, avant le tirage de la liste des jurés, et après avoir consulté le Ministère public. qu'indépendamment des douze jurés,il en sera tiré au sort deux ou trois autres qui assisteront aux débats. Dans le cas où un ou deux des douze jurés seraient empêchés de suivre les débats jusqu'à la déclaration définitive du jury,ils seraient remplacés par les jurés suppléants.Le remplacement se fera suivant l'ordre dans lequel les jurés suppléants auraient été appelés par le sort.

ART. 221.La liste des jurés sera notifiée par le Commissaire du Gouvernement à chaque accusé, trois jours au moins avant celui fixé pour le jugement du dit accusé. La notification est nulle, si elle est faite après ce délai.

Dans le même délai, il lui sera donné citation à comparaitre devant le Tribunal criminel ; la citation indiquera les jour et heure de la comparution.

Au jour indiqué. si l'accusé refuse de comparaitre. il lui sera fait sommation, au nom de la loi, par un huissier commis par le président, d'obéir à la Justice. L'huissier dressera procès-verbal de la sommation et de la réponse de l'accusé.

Si l'accusé n'obtempère pas à la sommation, le président pourra ordonner qu'il sera passé outre aux débats, nonobstant l'absence de l'accusé.

Dans ce cas, après chaque audience, il sera, par le greffier, donné lecture à l'accusé du procès-verbal d'audience. Le jugement sera réputé contradictoire.

Le Doyen pourra faire retirer de l'audience et reconduire en prison tout accusé qui, par des clameurs ou par tout autre moyen propre à causer du tumulte, mettrait obstacle au cours de la Justice, et dans ce cas, il sera procédé comme il est dit au paragraphe ci-dessus et le jugement sera toujours réputé contradictoire. —Inst. Crim. 209, 214, 219.

" Jugé que le verdict du Jury est nu' lorsqu'il est rendu par un ou plusieurs jurés dont les noms ne figurent pas dans la liste notifié· à l'accusé, par le Ministère Public, conformément à l'art. 219 C. Inst. Crim. Cass. ;8 Juillet 1921.

Jugé que conformé nent aux modifications apportées au Code Inst. Crim. |art. 230 devenu 221 | par la Loi du 20 Juillet 1920 la liste des jurés doit ê·re notifiée à chaque accusé TROIS JOURS avant celui fixé pour ler jugement, sous peine de nullité de la dite notification faite après ce délai.

Que cette formalité intéressant le droit de la défense et le libre exercic· du droit de récusation que la loi accorde à chaque accusé, la violation de cette règle entache d'un vice initial toute la procédure criminelle, ce qui doit entraîner la nullité du jugement basé sur le verdict du Jury.

Cass. Mars 1927, Avril 1927.

ART. 222. Tout juré qui ne se sera pas rendu à son poste, sur la convocation qu'il aura reçue sera condamné par le Tribunal criminel à une amende de Cinq gourdes pour la première absence non motivée, de Dix gourdes pour la deuxième, Vingt gourdes pour la troisiéme, et ainsi de suite en doublant l'amende à chaque nouvelle récidive. Il pourra, en outre, être condamné, conformément à l'article 7 de la Constitution. à la suspension de ses droits politiques, dont la durée sera de six mois au moins et de deux ans au plus, sans préjudice, quand il y aura lieu, des dispositions de l'article 227 devenu 218. **396d**

Le jugement sera de plus imprimé et affiché à ses frais à la principale porte du Conseil communal et de la Justice de Paix de sa résidence.— Inst. Crim. 223, 224.

ART 223. Seront exceptés ceux qui justifieront qu'ils étaient dans l'impossibilité de se rendre au jour indiqué. **398.**

Le Tribunal prononcera sur la validité de l'excuse.— Inst. Crim. 222, 224.— C. Pén. 221 et suiv.

ART. 224. Les peines portées en l'article 222, sont applicables à tout juré, qui, même s'étant rendu à son poste, se retirerait avant l'expiration de ses fonctions, sans une excuse valable, qui sera égale- **310.**

ment jugée par le Tribunal.— Inst. Crim. 222, 223.

311. Art. 225. Au jour indiqué, et pour chaque affaire, l'appel des jurés non excusés et non dispensés sera fait, et avant l'ouverture de l'audience, en leur présence, en présence de l'accusé et du Ministère public. Inst. Crim. 181, 185, 213, 214, 220 et suiv.

Le nom de chaque juré répondant à l'appel sera déposé dans une urne.

L'accusé premièrement et le Commissaire du Gouvernement récuseront tels jurés qu'ils jugeront à propos, à mesure que leurs noms sortiront de l'urne, sauf la limitation exprimée ci-après.

L'accusé ni le Commissaire du Gouvernement ne pourront exposer leurs motifs de récusation.

Le jury du jugement sera formé à l'instant où il sera sorti de l'urne douze noms de jurés non récusés. — Inst. Crim. 219, 226, et suiv., 234.

S'il s'élève un incident au cours du tirage au sort, le Doyen le tranchera. Le procès-verbal d'audience mentionnera toutes les opérations ci-dessus, ainsi que les incidents qui ont pu surgir.

Art. 226. Les récusations que pourront faire l'accusé et le Commissaire du Gouvernement, s'arrêteront, lorsqu'il ne restera que douze jurés.— Inst. Crim. 225, 227 et suiv.

401. Art. 227. L'accusé et le Commissaire du Gouvernement pourront exercer un nombre égal de récusations ; et cependant, si les jurés sont en nombre impair, l'accusé pourra exercer une récusation de plus que le Commissaire du Gouvernement.— Inst. Crim. 225.

402. Art. 228 S'il y a plusieurs accusés, ils pourront se concerter pour exercer leurs recusations ; ils pourront les exercer séparément.—Inst. Crim. 225, 229, 230.

Dans l'un et l'autre cas, ils ne pourront excéder le nombre de récusations déterminé pour un seul accusé par les articles précédents.

403. Art. 229. Si les accusés ne se concertent pas pour récuser, le sort réglera entr'eux le rang dans lequel ils feront les récusations ; dans ce cas, les jurés récusés par un seul, et dans cet ordre, le seront pour

tous, jusqu'à ce que le nombre des récusations soit epuise.— Inst. Crim. 225 et suiv., 230.

ART. 230. Les accusés pourront se concerter pour 404.
exercer une partie des récusations, sauf à exercer le surplus suivant le rang fixé par le sort.— Inst. Crim. 225 et suiv.

ART. 231. Il sera dressé procès-verbal de toutes les formalités prescrites pour la formation du tableau des douze jurés.

ART. 232. L'examen de l'accusé commencera im- 405.
médiatement après la formation du tableau.— Inst. Crim. 233, 234, 235 et suiv.

ART. 233. Si, par quelque événement, l'examen des 406.
accusés sur les crimes ou sur quelques uns des crimes compris dans l'acte ou dans les actes d'accusation, est renvoye à la Session suivante, il sera fait une autre liste : il sera procedé a de nouvelles récusations et à la formation d'un nouveau tableau de douze jurés, d'après les règles prescrites ci-dessus, à peine de nullite.— Inst. Crim. 215, 221 et suiv. 306.

Dans ce cas, le Tribunal criminel statuera sur la demande de mise en liberté provisoire que pourra former l'accusé.

CHAPITRE V.

DE L'EXAMEN DU JUGEMENT ET DE L'EXÉCUTION.

SECTION I.

DE L'EXAMEN.

ART. 234. Au jour fixé pour l'ouverture du Tribu- 309.
nal criminel, le Tribunal ayant pris séance, les douze jurés composant le tableau, se placeront, dans l'ordre désigné par le sort, sur des sièges séparés du public, des parties et des témoins, en face de celui qui est destine à l'accusé.- Inst. Crim 181, 185, 2º, 206, 214, 217 et suiv., 232, 235 et suiv.

ART. 235. L'accusé comparaîtra libre, et seulement 310.
accompagne de gardes pour l'empêcher de s'évader
Le Doyen du Tribunal criminel lui demandera son

nom, ses prénoms. son âge, sa profession, sa demeure et le lieu de sa naissance.— Inst. Crim. 185 et suiv., 236, 280 et suiv.

311.   ART. 236. Le Doyen du Tribunal criminel avertira le conseil de l'accusé qu'il ne peut rien dire contre sa conscience ou contre le respect dû aux lois, et qu'il doit s'exprimer avec décence et modération.— Proc. Civ. 957 — Inst. Crim. 198 et suiv., 244, 259.— Code Pén. 322.

312.   ART. 237. Le Doyen du Tribunal criminel adressera aux jurés debout et découverts, le discours suivant : — Inst. Crim. 234, 260, 263.

" Vous jurez et promettez, devant Dieu et devant
" les hommes, d'examiner avec l'attention la plus
" scrupuleuse les charges qui seront portées contre
" N ..; de ne trahir ni les intérêts de l'accusé, ni
" ceux de la société, qui l'accuse ; de ne communi-
" quer avec personne jusqu'après votre déclaration ·
" de n'écouter ni la haine ou la méchanceté, ni la
" crainte ou l'affection ; de vous décider, d'après les
" charges et les moyens de défense, suivant votre
" conscience et votre intime conviction, avec l'im-
" partialité et la fermeté qui conviennent à un hom-
" me probre et libre. "

Chacun des jurés, appelé individuellement par le Doyen, répondra, en levant la main, *Je le jure* : à peine de nullité.— Inst. Crim. 306.

ART. 238. Immédiatement après, le Doyen du Tribunal criminel avertira l'accusé d'être attentif à ce qu'il va entendre.

Il ordonnera au greffier de lire l'ordonnance de renvoi au Tribunal criminel et l'acte d'accusation.— Inst. Crim. 175.

Le greffier fera cette lecture à haute voix.

314.   ART 239. Après cette lecture, le Doyen du Tribunal criminel rappellera à l'accusé ce qui est contenu dans l'acte d'accusation, et lui dira : " Voilà de quoi " vous êtes accusé ; vous allez entendre les charges " qui seront produites contre vous. "

ART. 240. Le Commissaire du Gouvernement exposera le sujet de l'accusation : il présentera ensuite la liste des témoins qui devront être entendus, soit à sa requête, soit à la requête de la partie civile, soit à celle de l'accusé. - Inst. Crim. 1, 53, 67, 190, 246, 249

Cette liste sera lue à haute voix par le greffier. Elle ne pourra contenir que les témoins dont les noms, profession et résidence auront été notifiés, vingt quatre heures au moins avant l'examen de ces témoins, à l'accusé, par le Commissaire du Gouvernement ou la partie civile, et au Commissaire du Gouvernement par l'accusé ; sans préjudice de la faculté accordée au Doyen du Tribunal criminel, par l'article 188 — Proc. Civ. 78, 954. – Inst. Crim. 13, 18.

L'accusé et le Commissaire du Gouvernement pourront, en conséquence, s'opposer à l'audition d'un témoin qui n'aurait pas été indiqué ou qui n'aurait pas été clairement désigné dans l'acte de notification.

Le Tribunal criminel statuera de suite sur cette opposition.

Art. 241. Le Doyen du Tribunal criminel ordonnera aux témoins de se retirer dans la chambre qui leur sera destinée ; ils n'en sortiront que pour deposer. Le Doyen prendra des précautions, s'il en est besoin, pour empêcher les témoins de conférer entre eux de l'infraction et de l'accusé avant leur déposition Inst. Crim. 135 et suiv., 162, 242 et suiv., 245, 251, 387.
316.

Art. 242. Les témoins déposeront séparément l'un de l'autre dans l'ordre établi par le Commissaire du Gouvernement.
317

Avant de déposer, ils prêteront, à peine de nullité, le serment " de parler sans haine et sans crainte, de " dire toute la vérité et rien que la vérité.".— Inst. Crim.135, 162, 241, 243, 254, 304, 389.--Code Pén.23, 28.

Le Doyen du Tribunal criminel leur demandera ensuite leurs noms, prénoms, âge, profession, leur domicile ou résidence, s'ils connaissaient l'accusé avant le fait mentionné dans l'acte d'accusation ; s'ils sont parents ou alliés, soit de l'accusé, soit de la partie civile, et à quel degré ; il leur demandera encore s'ils ne sont pas attachés au service de l'un ou de l'autre.

Néanmoins, il est loisible au Doyen du Tribunal criminel d'intervertir cet ordre. Les dispositions de l'article 66 du présent Code sont applicables au Tribunal criminel.

Cela fait, les témoins déposeront oralement.

Art 243. Le Doyen du Tribunal criminel fera tenir note, par le greffier, des additions, changements ou variations qui pourraient exister entre la déposition d'un témoin et ses précédentes déclarations.

Le Commissaire du Gouvernement et l'accusé pourront requérir le Doyen du Tribunal criminel de faire tenir les notes de ces changements, additions et variations. — Inst. Crim. 202, 253, 295, 296.

Art. 244. Après chaque déposition, le Doyen du Tribunal criminel demandera au témoin si c'est de l'accusé présent qu'il a entendu parler ; il demandera ensuite à l'accusé s'il veut répondre à ce qui vient d'être dit contre lui.

Le témoin ne pourra être interrompu : l'accusé ou son conseil pourront le questionner par l'organe du Doyen du Tribunal criminel, après sa déposition, et dire, tant contre lui que contre son témoignage, tout ce qui pourra être utile à la défense de l'accusé.— Inst. Crim. 225, 236, 250, 259

Le Doyen du Tribunal criminel pourra également demander au témoin et à l'accusé tous les éclaircissements qu'il croira nécessaires à la manifestation de la vérité.

Le Commissaire du Gouvernement et les jurés auront la même faculté, en demandant la parole au Doyen du Tribunal criminel. La partie civile ne pourra faire des questions soit au témoin, soit à l'accusé, que par l'organe du Doyen du Tribunal criminel.

Art. 245. Chaque témoin, après sa déposition restera dans l'auditoire, si le Doyen du Tribunal criminel n'en a ordonné autrement, jusqu'à ce que les jurés se soient retirés pour donner leur déclaration — Inst. Crim. 241, 266. 320.

Art. 246. Après l'audition des témoins produits 321.

par le Commissaire du Gouvernement et par la partie civile, l'accusé fera entendre ceux dont il aura notifié la liste, soit sur des faits mentionnés dans l'acte d'accusation, soit pour attester qu'il est homme d'honneur, de probité et d'une conduite irréprochable.— Inst. Crim. 240, 249.

Les citations faites à la requête des accusés seront à leurs frais. Cependant les accusés pourront remettre au Doyen, trois jours au moins avant l'audience, la liste des témoins qu'ils désirent faire entendre et qui seront cités à la requête du Commissaire du Gouvernement, si le Doyen le juge utile.

ART. 247. Ne pourront être reçues les dépositions: —Inst. Crim. 136.—Code Pén. 23, 28, 323.

1º Du père, de la mère, de l'aïeul, de l'aïeule, ou de tout autre ascendant de l'accusé ou de l'un des accusés présents et soumis au même débat;

2º Du fils, petit-fils, fille, petite-fille, ou de tout autre descendant;

3º Des frères et sœurs;

4º Des alliés au même degré;—C. Civ.623 et suiv.

5º Du conjoint, même après le divorce prononcé ou la séparation;— C. Civ. 212, 249 et suiv. 252 et suiv. 277 et suiv., 1224 et suiv., 1233 et suiv.

6º Des dénonciateurs dont la dénonciation est récompensée pecuniairement par la loi.— Inst. Crim. 20, 248, 281.

Sans néanmoins que l'audition des personnes ci-dessus désignées puisse opérer une nullité, lorsque le Commissaire du Gouvernement, la partie civile ou l'accusé ne se seront pas opposés à ce qu'elles fussent entendues.

ART. 248. Les dénonciateurs pourront être entendus en témoignage; mais le jury sera averti de leur qualité de dénonciateurs, à peine de nullité.— Inst. Crim, 20 et suiv., 247.

ART. 249. Les témoins produits par le Commissaire du Gouvernement ou par l'accusé seront entendus dans le débat, même lorsqu'ils n'auraient pas préalablement déposé par écrit, qu'ils n'auraient reçu aucune assignation, pourvu dans tous les cas, que ces témoins soient portés sur la liste mentionnée dans l'article 240.— Inst. Crim. 59, 242 et suiv. 246.

ART. 250 Les témoins, par quelque partie qu'ils soient produits ne pourront jamais s'interpeller entre eux. Inst. Crim. 244.

ART. 251. L'accusé pourra demander, après qu'ils auront déposé, que ceux qu'il désignera se retirent de l'auditoire, et qu'un ou plusieurs d'entr'eux soient introduits et entendus de nouveau, soit séparément, soit en présence les uns des autres.—Inst. Crim. 241, 245.

Le Commissaire du Gouvernement aura la même faculté.

Le Doyen du Tribunal criminel pourra aussi l'ordonner d'office.

ART. 252. Le Doyen du Tribunal criminel pourra, avant, pendant ou après l'audition d'un témoin, faire retirer un ou plusieurs accusés, et les examiner séparément sur quelques circonstances du procès; mais il aura soin de ne reprendre la suite des débats généraux, qu'après avoir instruit chaque accusé de ce qui sera fait pendant son absence, et de ce qui en sera résulté. —Inst. Crim. 186.

ART. 253. Pendant l'examen, les jurés, le Commissaire du Gouvernement et les juges pourront prendre note de ce qui leur paraîtra important, soit dans les dépositions des témoins, soit dans la défense de l'accusé, pourvu que la discussion n'en soit pas interrompue.—Inst. Crim. 243, 295.

Dans le cours ou à la suite des dépositions, le Doyen du Tribunal criminel fera représenter à l'accusé toutes les pièces relatives au délit, et pouvant servir à conviction, il l'interpellera de répondre personnellement s'il les reconnaît : le Doyen du Tribunal criminel les fera aussi représenter aux témoins, s'il y a lieu.—Inst. Crim. 25, 73.

ART. 254. Si, d'après les débats, la déposition d'un témoin paraît fausse, le Doyen du Tribunal criminel pourra, sur la réquisition, soit du Commissaire du Gouvernement, soit de la partie civile, soit de l'accu sé, et même d'office, faire sur le champ mettre le témoin en état d'arrestation. Il sera immédiatement dressé procès-verbal de l'incident et l'affaire déférée au Juge d'Instruction.—Inst. Crim. 30, 46 et suiv. 160, 242, 251, 337 et suiv. —C, Pén. 307.

331.   ART. 255. Dans le cas de l'article précédent, le Commissaire du Gouvernement, la partie civile ou l'accusé, pourront immédiatement requérir, et le Tribunal criminel ordonner, même d'office, le renvoi de l'affaire à la prochaine session.

332.   ART. 256. Dans le cas où l'accusé, les témoins ou l'un d'eux ne parleraient pas la même langue ou le même idiome, le Doyen du Tribunal criminel nommera d'office, à peine de nullité, un interprète âgé de vingt et un ans au moins, et lui fera, sous la même peine, prêter serment de traduire fidèlement les dis-cours à transmettre entre ceux qui parlent des langa-ges différents.—Inst. Crim. 257.

L'accusé et le Commissaire du Gouvernement pourront récuser l'interprète, en motivant leur ré-cusation —Proc. Civ, 308 et suiv., 375 et suiv.—Inst. Crim. 225 et suiv.

Le tribunal prononcera.

L'interprète ne pourra, à peine de nullité, même du consentement de l'accusé ni du Commissaire du Gouvernement, être pris parmi les juges et les jurés siégeants. ni les témoins.—Inst. Crim. 60, 306.

333.   ART. 257 Si l'accusé est sourd-muet, et ne sait pas écrire, le Doyen du Tribunal criminel nommera d'office, pour son interprète, la personne qui aura le plus d'habitude de converser avec l'accusé sourd-muet.

Il en sera de même à l'égard du témoin sourd-muet.

Le surplus des dispositions du précédent article sera exécuté.

Dans le cas où le sourd-muet saurait écrire, le greffier écrira les questions et observations qui lui seront faites; elles seront remises à l'accusé ou au témoin, qui donneront par écrit leurs réponses ou déclarations. Il sera fait lecture du tout par le greffier

ART. 258. Le Doyen du Tribunal déterminera celui des accusés qui devra être soumis le premier aux débats, en commençant par le principal accusé, s'il y en a un.—Inst. Crim. 186, 259.

Il se fera ensuite un débat particulier sur chacun des autres accusés.

ART. 259. A la suite des dépositions des témoins et des dires respectifs auxquels elles auront donné lieu, la partie civile ou son conseil, et le Commissaire du Gouvernement seront entendus et développeront les moyens de l'accusation.— Inst. Crim. 1, 53, 190.

L'accusé et son Conseil pourront leur répondre.— Inst. Crim. 198, 236.

La réplique sera permise au Ministère public et à la partie civile, mais l'accusé et son Conseil auront toujours la parole les derniers.   Inst. Crim. 163.

Le Doyen du Tribunal criminel déclarera ensuite que les débats sont terminés.

Il rappellera aux jurés les fonctions qu'ils auront à remplir et il leur posera les questions, ainsi qu'il sera dit ci-après.— Inst. Crim. 186, 260.

ART. 260. Les questions qui résulteront de l'acte d'accusations seront posées en ces termes :

" L'accusé N. est-il coupable comme auteur ou " comme complice d'avoir commis tel meurtre, tel " vol ou tel autre crime ? "

" L'accusé a-t-il commis le crime avec les circons- " tances comprises dans l'acte d'accusation ? "

Une question spéciale sera posée pour chacune des circonstances aggravantes.

Seront de plus énoncés, dans les questions de complicité, de récel et de tentative de crime, les éléments constitutifs de ces crimes.

ART. 261. S'il résulte des débats une ou plusieurs circonstances aggravantes non mentionnées dans l'acte d'accusation, le Doyen ajoutera la question suivante :

" L'a-t-il commis avec telle ou telle circons tance ? "

Il aura soin d'attirer spécialement l'attention de 'accusé et son Conseil sur cette question nouvelle.

ART. 262. Lorsque les faits compris dans l'acte d'accusation se trouvent modifiés par les débats, par exemple, quand l'accusé d'un crime, comme auteur, sera reconnu comme complice de ce crime, ou que le complice sera désigné comme auteur principal ou que les faits seront mal qualifiés par l'ordonnance, des questions subsidiaires seront posées au Jury par le Doyen du Tribunal criminel, à la suite des questions principales résultant de l'acte d'accusation.

339d   ART. 263. Lorsque l'accusé aura proposé pour excuse un fait admis comme tel par la loi, la question y relative sera ainsi posée :

" *Tel fait est-il constant ?*.— Inst. Crim. 270, 290, 306.— Code Pén. 49, 266 et suiv., 271 et suiv.

Les dispositions légales relatives au droit de la défense, notamment celles concernant les questions à poser dans l'intérêt de l'accusé, sont substantielles. Lorsqu'un accusé propose pour excuse un fait admis comme tel par la loi, le jury doit être interrogé sur la constance de ce fait.

Aux termes de l'article 269 code Pénal le flagrant délit d'adultère dans la maison conjugale est une excuse légale du meurtre commis par le mari sur la personne de sa femme. — Cass. 7 Déc. 1922.

340.   ART. 264. Si l'accusé a moins de seize ans, le Doyen du Tribunal criminel posera, à peine de nullité, cette question :

" L'accusé a-t-il agi avec discernement ? "

341.   ART. 265. En toute matière criminelle, même en cas de récidive, le Doyen, après avoir posé les questions résultant de l'acte d'accusation et des débats, posera une question spéciale en ces termes :

" Y a-t-il des circonstances atténuantes en faveur " de l'accusé ? "

Ensuite le Doyen remettra les questions écrites aux jurés dans la personne du Chef du Jury ; il leur remettra en même temps l'acte d'accusation, les procès-verbaux qui constatent les crimes et les pièces du procès, autres que les déclarations écrites des témoins.

Il fera retirer l'accusé de l'auditoire.

342.   ART. 266. Les questions étant posées et remises

aux jurés, ils se rendront dans leur chambre pour y délibérer.

Leur chef sera le premier juré sorti par le sort, ou celui qui sera désigné par eux du consentement de ce dernier.

Avant de commencer la délibération, le chef des jurés leur fera lecture de l'instruction suivante, qui sera, en outre, affichée en gros caractères dans le lieu le plus apparent de leur chambre :

"La loi prescrit aux jurés de s'interroger eux-
" mêmes dans le silence et dans le recueillement, et
" de chercher, dans la sincérité de leur conscience,
" quelle impression ont faite sur leur raison, les
" preuves rapportées contre l'accusé, et les moyens
" de sa défense. La loi ne leur fait que cette seule
" question, qui renferme toute la mesure de leurs
" devoirs : *Avez-vous une intime conviction ?*

"Ce qu'il est bien essentiel de ne pas perdre de vue,
" c'est que toute la délibération du jury porte sur
" les questions qui lui sont soumises ; c'est aux faits
" résultant des débats que les jurés doivent unique-
" ment s'attacher ; et ils manquent à leur premier
" devoir, lorsque, pensant aux dispositions des lois
" pénales, ils considèrent les suites que pourra avoir,
" par rapport à l'accusé, la déclaration qu'ils ont à
" faire. Leur mission n'a pas pour objet la poursuite
" ni la punition des délits, ils ne sont appelés que
" pour déclarer si l'accusé est, ou non, coupable du
" crime qu'on lui impute. "

ART. 267. Les jurés ne pourront sortir de leur 343.
chambre qu'après avoir formé leur déclaration.

L'entrée n'en pourra être permise, pendant leur délibération, pour quelque cause que ce soit, que par le Doyen du Tribunal criminel, pour des motifs urgents et par écrit. Le Doyen lui-même ne pourra y pénétrer que s'il est appelé par le chef du Jury, et accompagné du défenseur de l'accusé, du Ministère Public et du Greffier. Mention de l'incident sera faite au procès-verbal.

Le Doyen du Tribunal est tenu de donner au chef de la garde de service l'ordre spécial et par écrit de faire garder les issues de leur chambre : ce chef sera dénommé et qualifié dans l'ordre.

Le Tribunal pourra punir le juré contrevenant d'une amende de vingt-cinq gourdes au plus. Tout autre qui aura enfreint l'ordre ou qui ne l'aura pas fait exécuter, pourra être puni d'un emprisonnement de quarante-huit heures.— Inst. Crim. 276.

344. ART. 268. Les jurés délibéreront sur le fait ou les faits qui leur seront soumis, et ensuite sur chacune des circonstances ; le tout dans l'ordre des questions posées.—Inst. Crim. 265, 269, 275.

345d ART. 269. Le chef du Jury lira successivement chacune des questions posées comme il est dit en l'article 260, et le vote aura lieu ensuite au scrutin secret tant sur le fait principal et les circonstances aggravantes que sur l'existence des circonstances atténuantes.

346. ART. 270. Il sera procédé de même et au scrutin secret sur les questions qui seraient posées dans les cas prévus par les articles 263 et 264 et les votes seront contrôlés par les 12 jurés.

347d ART. 271. La décision du Jury tant contre l'accusé que sur les circonstances attenuantes se forme à la majorité absolue. La déclaration du Jury constate cette majorité sans que le nombre de voix puisse y être exprimé.

La décisi n du Jury, tant sur le fait principal que sur les circonstances atténuantes, se forme à la majorité absolue, sans que le nombre des voix puisse y être exprimé ; le tout à peine de nullité.

Lorsque sur les circonstances atténuantes le Jury s'est contenté de déclarer dans son verdict : "nous trouvons qu'il y a lieu d'accorder des circonstances atténuantes", sans nullement exprimer à quelle majorité, comme le prescrit l'article 271 C. Inst. Crim. cette décision a été prise, ce verdict est nul et entraine la nullité du jugement auquel il a servi de base. — Cass. 16 Nov. 1920.

348. ART. 272. Les jurés rentreront ensuite au Tribunal et reprendront leurs places. Le Doyen leur demandera quel est le résultat de leur délibération.

Le Chef du Jury se lèvera, et, la main placée sur son cœur, il dira :

"Sur mon honneur et ma conscience, devant Dieu " et devant les hommes, la déclaration du Jury est :

" Sur la première question, à la majorité absolue
" des voix : Oui, le fait est constant ; ou bien, le fait
" n'est-pas constant.

" Sur la seconde question, à la majorité absolue
" des voix : oui, l'accusé est coupable comme au-
" teur ; ou bien, l'accusé n'est pas coupable comme
" auteur, et ainsi sur les autres questions, s'il y a
" lieu. "

ART. 273. La déclaration du Jury sera signée au 349d
moins par la majorité absolue, sans que l'abstention
d'un juré ou de la minorité puisse l'infirmer.

Le Doyen du Tribunal criminel la communiquera
aux autres juges, la signera et la fera signer par le
greffier ; après cette signature, les jurés pourront se
retirer. *

ART. 274. La déclaration du Jury ne pourra jamais
être soumise à aucun recours.

Néanmoins, si le Tribunal criminel estime que la
déclaration est incomplète, équivoque, contradictoire ou irrégulière, il pourra, par une décision motivée, renvoyer les jurés dans leur chambre pour une
nouvelle délibération.

ART. 275. Si, d'autre part, le Tribunal criminel 352.
est convaincu que les jurés, tout en observant les for--
mes, se sont trompés au fond, il déclarera, par une
décision motivée, qu'il est sursis au jugement et renverra l'affaire à la session suivante pour être soumise
à un nouveau Jury dont ne pourra faire partie aucun des premiers jurés.

Nul n'aura le droit de provoquer cette mesure, le
Tribunal ne pourra l'ordonner que d'office, immédiatement après que la déclaration du Jury aurait été
prononcée publiquement, et dans le cas où l'accusé
aura été convaincu, jamais lorsqu'il n'aura pas été
déclaré coupable.

Le Tribunal sera tenu de prononcer immédiatement, après la déclaration du second jury, même
quand elle serait conforme à la première.

* Voir note au bas de l'article 293.

353.   ART. 276 L'examen et les débats, une fois entamés, le Doyen du Tribunal criminel ne pourra les suspendre que pendant les intervalles nécessaires pour le repos des Juges, des Jurés, des témoins et des accusés. Et une fois que le Jury sera entré dans la chambre de délibération, il ne pourra plus avoir aucune communication au dehors, jusqu'après sa déclaration inclusivement.— Inst. Crim. 267.

354.   ART. 277. Lorsqu'un témoin qui aura été cité, ne comparait pas, le Tribunal pourra, sur la réquisition du Ministère Public, et avant que les débats soient ouverts par la déposition du premier témoin inscrit sur la liste, renvoyer l'affaire à la prochaine session.—Inst. Crim. 294.

355.   ART. 278. Si, à raison de la non-comparution du témoin, l'affaire est renvoyée à la session suivante, tous les frais de citation, actes et autres ayant pour objet de faire juger l'affaire seront à la charge du témoin; et il sera décerné contre lui contrainte, même par corps, sur la réquisition du Ministère public par le jugement qui renverra les débats à la session suivante.

Le même jugement ordonnera, de plus, que ce témoin sera amené par la force publique devant le tribunal, pour y être entendu.

Et néanmoins, dans tous les cas; le témoin qui ne comparaîtra pas, ou qui refusera, soit de prêter serment, soit de faire sa déposition, sera condamné à la peine portée en l'article 67.

356.   ART. 279. La voie de l'opposition sera ouverte, contre ces condamnations, dans les dix jours de la signification qui en aura été faite au témoin condamné ou à son domicile, outre un jour par cinq lieues; et l'opposition sera reçue, s'il prouve qu'il a été légitimement empêché, ou que l'amende prononcée contre lui doit être modérée. — Proc. Civ. 78 954.

SECTION II
DU JUGEMENT ET DE L'EXÉCUTION

ART. 280. Le Doyen du Tribunal criminel fera

comparaitre l'accusé, et le greffier lira, en sa présence, la déclaration du Jury.— Inst. Crim. 281, et suiv., 294, 299.

ART. 281. Lorsque l'accusé aura été déclaré non coupable, le Tribunal prononcera qu'il est acquitté de l'accusation, et ordonnera qu'il soit mis en liberté, s'il n'est retenu pour autre cause. 358d

Le Tribunal statuera ensuite sur les dommages intérêts respectivement prétendus, après que les parties auront proposé leurs fins de non recevoir ou leurs défenses, et que le Ministère Public aura été entendu.— Inst. Crim.19, 21, 282.

Le Tribunal pourra néanmoins, s'il le juge nécessaire, renvoyer à une audience ultérieure, même en dehors de la session, l'instruction et le jugement de la demande en dommages-intérêts.

L'accusé acquitté pourra aussi obtenir des dommages-intérêts contre ses dénonciateurs, pour faits de calomnie, sans néanmoins que les autorités constituées puissent être ainsi poursuivies à raison des avis qu'elles sont tenues de donner concernant les infractions dont ils ont pu acquérir la connaissance dans leurs fonctions, et sauf contre eux la demande en prise à partie, s'il y a lieu. - C. Civ. 939, 1178.— Proc. Civ. 135, 438 et suiv. —Inst. Crim.19, 21, 282.

Le Commissaire du Gouvernement sera tenu, sur la réquisition de l'accusé, de lui faire connaître ses dénonciateurs.

ART. 282. Les demandes en dommages-intérêts formées, soit par l'accusé contre ses dénonciateurs ou la partie civile, soit par la partie civile contre l'accusé ou le condamné, seront portées au Tribunal criminel.— C. Civ. 939, 1168 — Proc Civ. 135. Inst. Crim. 20 et suiv. 55 359.

La partie civile est tenue de former sa demande en dommages-intérêts avant le jugement; plus tard elle sera non recevable.—Inst. Crim. 283.

Il en sera de même de l'accusé, s'il a connu son dénonciateur avant le jugement. S'il ne l'a connu que depuis le jugement, il portera sa demande devant le Tribunal de Première Instance, en la forme ordinaire. — C. Civ. 1135, 30, 1136.—P. Civ. 69, 71, 79.

A l'égard des tiers qui n'auraient pas été partie au procès, ils s'adresseront également au Tribunal de Première Instance.

360. ART. 283. Toute personne acquittée légalement ne pourra être reprise ni accusée, à raison du même fait.— C.Civ. 1135, 1136. — Inst. Crim. 284, 287, 307.

361. ART. 284. Lorsque dans le cours des débats l'accusé aura été inculpé sur un autre fait, soit par des pièces, soit par les dépositions des témoins, le Doyen du Tribunal criminel, après avoir prononcée qu'il est acquitté de l'accusation ordonnera, sur la réquisition du Ministère public,ou même d'office, qu'il sera poursuivi à raison du nouveau fait; en conséquence, il le renverra en état de mandat d'arrêt, s'il y échet, devant le Juge d'Instruction du ressort pour être procédé à une nouvelle instruction.—- Inst. Crim.261, 283, 302.

362. ART. 285. Lorsque l'accusé aura été déclaré coupable, le Commissaire du Gouvernement fera sa réquisition au Tribunal pour l'application de la loi. Inst. Crim. 142, 285 et suiv., 298 et suiv

La partie civile posera ses conclusions à fin de restitution et de dommages-intérêts.— C. Civ. 929, 1168.—Inst. Crim. 53, 282.

363. ART 286. Le Doyen du Tribunal criminel deman-dera à l'accusé s'il n'a rien à dire pour sa défense.

L'accusé ni son Conseil ne pourront plus plaider que le fait est faux,mais seulement qu'il n'est pas défendu ou qualifié délit par la loi, ou qu'il ne mérite pas la peine dont le Ministère Public a requis l'application, ou qu'il n'emporte pas de dommages intérêts au profit de la partie civile, ou enfin que celle-ci élève trop haut les dommages-intérêts qui lui sont dûs. ·· Inst. Crim. 198, 285.

364. ART. 287. Le Tribunal prononcera l'absolution de l'accusé, si le fait dont il est déclaré coupable, n'est pas défendu par une loi pénale.—Inst. Crim. 283, 307,

365. ART. 288. Si ce fait est défendu, le Tribunal pro-

noncera la peine établie par la loi, même dans le cas
où, d'après les débats, il se trouverait n'être plus de
la compétence du Tribunal criminel.—Inst. Crim.165,
285, 289, 298 et suiv.

En cas de conviction de plusieurs crimes ou délits,
la peine la plus forte sera seule prononcée.

Art. 289. Dans le cas d'absolution, comme dans 366d
celui d'acquittement, ou de condanmation,le Tribunal
statuera sur les dommages-intérêts prétendus par
la partie civile ou par l'accusé, il les liquidera par le
même jugement ou postérieurement, comme il est
dit dans le 3e. alinéa de l'article 281 —C Civ. 939,
1168.—Proc. Civ. 145.—Inst. Crim. 135, 142, 388.—C.
Pén. 39.

Le Tribunal ordonnera aussi que les effets pris
seront restitués au propriétaire.— Inst. Crim. 364.

Néanmoins, s'il y a eu condamnation, cette restitution ne sera faite qu'en justifiant par le propriétaire,
que le condamné a laissé passer le délai sans se
pourvoir en Cassation, ou, s'il s'est pourvu,que l'affaire est définitivement terminée. —Inst. Crim. 298, 305,
307 et suiv.

Si l'article 289 C. Inst. Crim. donne le pouvoir au Tribunal Criminel de
statuer tout à la fois sur les dommages-intérêts réclamés, soit par l'accusé absous ou acquitté, soit par la partie civile, et sur la restitution, ce
même pouvoir n'appartient aucunement aux Tribunaux correctionnels, la disposition de l'article 164 C. Inst. Crim. qui détermine leur
compétence à cet égard est loin d'être conçue en des termes aussi
étendus que l'article 281 sus cité du même code. — Cass. 23 Mai 1922.

Art. 290. Lorsque l'accusé aura été déclaré excu 367.
sable, le Tribunal prononcera conformément au Code
pénal.—Proc. Civ. 73, 320 et suiv., Inst. Crim. 263.—
Code Pén. 49, 266, 271.

Art. 291. L'accusé, ou la partie civile qui succom- 368d
bera, sera condamné aux frais envers l'État et envers l'autre partie.—Inst Crim. 167.

Art. 292. Le jugement sera prononcé à haute- 369.
voix par le Doyen du Tribunal Criminel, en présence du public et de l'accusé : avant de le prononcer,
le Doyen du Tribunal criminel est tenu de lire le
texte de la loi sur laquelle il est fondé.— Proc. Civ.
112.—Inst. Crim. 143; 168, 309.

Le greffier écrira le jugement; il y insérera le texte de la loi appliquée, sous peine de quatre-vingts gourdes d'amende.   Inst.Crim. 293, 342.

370.

ART. 293. La minute du jugement sera signée par les juges qui l'auront rendu, à peine de quatre-vingts gourdes d'amende contre le greffier, et, s'il y a lieu, de prise à partie, tant contre le greffier que contre les juges.— Proc. Civ. 439 et suiv.   Inst. Crim. 64, 144, 169, 292, 342. *

Elle sera signée dans les vingt-quatre heures de la prononciation du jugement.— Inst.Crim. 383.

371.

ART. 294. Après avoir prononcé le jugement, le Doyen du Tribunal criminel pourra, selon les circonstances, exhorter l'accusé à la fermeté, à la résignation ou à réformer sa conduite.

Il l'avertira de la faculté qui lui est accordée de se pourvoir en Cassation, et du terme dans lequel l'exercice de cette faculté est circonscrit.

372d

ART. 295. Le greffier dressera un procès-verbal de la séance, à l'effet de constater que les formalités prescrites ont été observées.

Il ne sera fait mention au procès-verbal, ni des réponses des accusés, ni du contenu aux dépositions; sans préjudice toutefois de l'exécution de l'article 243 concernant les changements, variations et contradictions dans la déclaration des témoins.

Le procès-verbal sera signé, dans les vingt-quatre heures de la prononciation du jugement, par le Doyen ainsi que par le greffier.

Le défaut du procès-verbal, en cas de condamnation, entraînera la nullité du jugement, sans préjudice d'une amende de cent gourdes, au plus, contre le greffier.

373.

ART. 296. Le condamné aura trois jours francs après celui où son jugement aura été prononcé pour déclarer au greffe qu'il se pourvoit en Cassation.— Inst. Crim. 173, 280, 285, 294.

*Le texte des art. 282 et 302, devenus 273 et 293 n'ayant pas été modifié, nous sommes obligé de les reproduire, sauf aux intéressés à tenir compte que le jugement étant prononcé par UN JUGE, ne peut pas être signé DES JUGES.

Le Commissaire du Gouvernement pourra, dans le même délai, déclarer au greffe qu'il demande cassation du jugement.— Inst Crim. 190.

La partie civile aura aussi le même délai; mais elle ne pourra se pourvoir que quant aux dispositions relatives à ses intérêts civils. - Inst.Crim. 1, 53, 285 297. ,317 329.

Si la décision relative aux intérêts civils n'a pas été comprise dans le jugement du Tribunal criminel, la partie civile aura, pour se pourvoir contre le jugement qui réglera les dits intérêts, le délai ordinaire prévu par le Code de Procédure Civile.

Pendant ces trois jours, et, s'il y a eu recours en Cassation, jusqu'à la réception de l'arrêt du Tribunal de Cassation, il sera sursis à l'exécution du jugement du Tribunal criminel.

Le condamné aura cinq jours pour produire un recours en grâce, à partir de l'expiration du délai du pourvoi en Cassation, et, en cas de pourvoi, à partir de la date de la signification à lui faite de l'arrêt rejetant le pourvoi.

Pendant ce délai, et, s'il y a recours en grâce, jusqu'à décision du Président de la République, il sera sursis à l'exécution du jugement.

Le délai pour se pourvoir en Cassation, contre les décisions rendues par les tribunaux de paix, en ses attributions de simple police, est de trois jours francs, à partir du prononcé.
Si le 4e alinéa de l'article 296 Inst. Crim. accorde à la partie civile le délai ordinaire prévu par le code proc. civ., pour attaquer en Cassation le jugement du tribunal criminel sur les intérêts civils, c'est seulement lorsque la décision n'as pas été comprise dans le jugement du tribunal sur l'action publique. —cass. 21 Nov. 1922

ART. 297. Dans les cas prévus par les articles 307 et 310 du présent Code, le Commissaire du Gouvernement ou la partie civile auront le même délai de trois jours francs pour se pourvoir.— Inst. Crim. 8C3.   374.

ART. 298. La condamnation sera exécutée dans les trois jours qui suivront les délais mentionnés en l'article 296, s'il n'y a point de recours en Cassation ou en grâce; ou en cas de recours dans les vingt-qua-   375.

tre heures de réception de l'Arrêt du Tribunal de Cassation qui aura rejeté la demande, ou de la décision du Président de la République sur le recours en grâce — Inst Crim. 285, 288, 289, 299, 301.— Code Pén. 22,

376d   ART. 299. La condamnation sera exécutée par les ordres du Commissaire du Gouvernement, il aura le droit de requérir directement pour cet effet l'assistance de la force publique-- Inst. Crim. 10, 14, 85,90, 190, 302.

377.   ART. 300. Si le condamné veut faire une déclaration, elle sera reçue par un des juges du lieu d'exécution, assisté du greffier.

378.   ART. 301. Le procès-verbal d'exécution sera, sous peine de vingt gourdes d'amende, dressé par le greffier, et transcrit par lui, dans les vingt-quatre heures, au pied de la minute du jugement. La transcription sera signée par lui, et il sera fait mention du tout, sous la même peine, en marge du procès-verbal. Cette mention sera également signée, et la transcription fera preuve, comme le procès-verbal même.   Inst· Crim. 293, 295, 298, 342.

379.   ART. 302. Lorsque, pendant les débats qui auront précédé le jugement de condamnation, l'accusé aurait été inculpé soit par des pièces, soit par des dépositions de témoins, sur d'autres crimes que ceux dont il était accusé, si ces crimes nouvellement manifestés méritent une peine plus grave que les premiers, ou si l'accusé a des complices en état d'arrestation, le Tribunal ordonnera qu'il soit poursuivi, à raison de ces nouveaux faits, suivant les formes prescrites par le présent Code. — Inst. Crim. 284.

Dans ces deux cas, le Commissaire du Gouvernement surseoira à l'exécution du jugement qui a prononcé la condamnation, jusqu'à ce qu'il ait été statué sur le second procès. Inst. Crim. 298, 336, 337, 360, 407.

380d   Art. 303 Toutes minutes des jugements rendus au criminel seront réunies et déposées au greffe du Tribunal.

CHAPITRE VI

DES AFFAIRES DONT LES TRIBUNAUX CRIMINELS DEVRONT CONNAITRE SANS ASSISTANCE DE JURY.

ART. 304 Seront jugés par les Tribunaux criminels sans assitance de Jury :

1° Les faits de fausses monnaies, de contrefaçon de sceaux de l'Etat, des billets de banque, des effets publics, des poinçons, timbres et marques ;

2° Les faits de vol emportant peine afflictive ou infamante ;

3° L'incendie, et tous faits qui sont ou seront prévus par des lois spéciales.

Ces tribunaux observeront les formalités prescrites par les Chapitres 1, 2, 3 et 5 de la présente loi à l'exception de celles qui sont relatives au Jury.

LOI No. 5.

Sur la manière de se pourvoir contre les jugements.

CHAPITRE PREMIER.

DES NULLITÉS DE L'INSTRUCTION ET DU JUGEMENT.

ART. 305 Les jugements rendus en matière criminelle, correctionnelle ou de police, ainsi que l'instruction et les poursuites qui les auront précédés, pourront être annulés dans les cas suivants. — Inst. Crim. 150, 173, 184, 296, 297, 364 398, 415, 416.   407

SECTION I.

MATIÈRES CRIMINELLES.

ART. 306. Lorsque l'accusé aura subi une condamnation, et que, soit dans l'ordonnance de renvoi devant le Tribunal criminel, soit dans l'instruction et la procédure qui auront été faites devant ce Tribunal, soit dans le jugement même de condamnation,   408 il y aura eu violation ou omission de quelques unes des formalités que le présent Code prescrit sous peine de nullité, cette omission ou violation donnera lieu, sur la poursuite de la partie condamnée ou du Ministère public, à l'annulation du jugement de condamnation et de ce qui l'a précédé, à partir du plus ancien acte nul. — Inst. Crim. 288, 313, 318, 367.

Il en sera de même, tant dans le cas d'incompétence que lorsqu'il aura été omis ou refusé de prononcer, soit sur une ou plusieurs demandes de l'accusé, soit sur une ou plusieurs réquisitions du Ministère public, tendant à user, d'une faculté ou d'un droit accordé par la loi, bien que la peine de nullité ne fût pas textuellement attachée à l'absence de la formalité dont l'exécution aura été demandée ou requise. — Inst. Crim. 193, 195, 314, 319, 415.

409   Art. 307. Dans le cas d'acquittement de l'accusé, l'annulation de l'ordonnance qui l'aura prononcé, et de ce qui l'aura précédé, ne pourra être poursuivie par le Ministère public que dans l'intérêt de la loi, et sans préjudicier à la partie acquittée. — Inst. Crim. 190, 288, 297, 308, 333, 334

410   Art. 308. Lorsque la nullité procédera de ce que le jugement aura prononcé une peine autre que celle appliquée par la loi à la nature du crime, l'annulation du jugement pourra être poursuivie tant par le Ministère public que par la partie condamnée. - - Inst. Crim. 190, 288, 306, 308 et suiv. 327.

La même action appartiendra au Ministère public contre les jugements d'absolution mentionnés en l'article 287, si l'absolution a été motivée sur la non-existence d'une loi pénale, qui pourtant aurait existé.

411   Art. 309. Lorsque la peine prononcée sera la même que celle portée par la loi qui s'applique au crime, nul ne pourra demander l'annulation du jugement, sous le prétexte qu'il y aurait erreur dans la citation du texte de la loi. — Inst. Crim. 143, 168, 308, 312.

412   Art. 310. Dans aucun cas la partie civile ne pourra poursuivre l'annulation d'une ordonnance d'acquittement ou d'un jugement d'absolution ; mais si

le jugement a prononcé contre elle des condamnations civiles, supérieures aux demandes de la partie
acquittée ou absoute, cette disposition du jugement
pourra être annulée, sur la demande de la partie civile.— C. Civ. 939, 1168. — Proc. Civ. 416, 3º.— Inst.
Crim. 1, 53. 296, 297, 308, 317, 329.

SECTION II
MATIÈRES CORRECTIONNELLES ET DE POLICE.

ART. 311. (Ainsi modifié par la loi du 20 Juil- 413.
let 1929.) Les voies d'annulation indiquées aux
articles 304 et 306, 1er alinéa, ainsi que celles basées
sur ce que le renvoi est motivé sur la non existence
d'une loi pénale qui pourtant aurait existé, sont,
en matière correctionnelle et de police, respectivement ouvertes à l'inculpé pour un délit ou une contravention, au Ministère Public et à la partie civile,
s'il y en a une, contre tous jugements sans distinc-
tion de ceux qui auront prononcé le renvoi de
l'inculpé ou sa condamnation.

Néanmoins, lorsque le renvoi aura été prononcé,
nul ne pourra se prévaloir contre l'Inculpé de la
violation ou omission des formes prescrites pour
assurer sa défense.

ART. 312. Les dispositions de l'article 316 (art 306) 414.
sont applicables aux jugements rendus en matière
correctionnelle ou de police.

SECTION III.
DISPOSITIONS COMMUNES AUX DEUX SECTIONS
PRÉCÉDENTES.

ART. 313. Dans le cas où, soit le Tribunal de Cassa- 415.
tion, soit un Tribunal de Première Instance, annulera
une instruction, il pourra ordonner que les frais de
la procédure à recommencer seront à la chage de
l'Officier de la police judiciaire qui aura commis la
nullité. — Inst. Crim. 306.

Néanmoins, l'application de la présente disposition n'aura lieu que pour des fautes graves.— C. Civ.
1168, 1169.— Proc. Civ. 81, 135, 139, 359.

CHAPITRE II

DES DEMANDES EN CASSATION

416 ART. 314. Le recours en Cassation contre les jugements préparatoires et d'instruction ne sera ouvert
qu'après le jugement définitif.

L'exécution volontaire de tels jugements ne pourra, en aucun cas, être opposée comme fin de non-
recevoir. – Inst. crim. 154, 173, 296, 315 et suiv. 336-
339, 371 et suiv. 378, 403 et suiv. 415 et suiv. 418

417 La présente disposition ne s'applique point aux
jugements rendus sur la compétence.' (Ainsi modifié
par la loi du 29 Mars 1928.)— Inst.crim.193, 195, 306.

ART. 315. La déclaration de recours sera faite au
greffier par la partie condamnée, et signée d'elle et
du greffier ; et si le déclarant ne peut, ne sait ou ne
veut signer, le greffier en fera mention.— Inst.crim.
131, 151, 175, 296, et suiv. 306, 311, 314.

Cette déclaration pourra être faite, dans la même
forme, par le defenseur de la partie condamnée ou
par un fondé de pouvoir spécial ; dans ce dernier
cas, le pouvoir demeurera annexé à la déclaration.—
C.Civ. 1751.— Proc. civ. 86.—Inst. crim. 158, 199, 359.

Elle sera inscrite sur un registre à ce destiné ; ce
registre sera public, et toute personne aura le droit
de s'en faire délivrer des extraits.

418 ART. 316. Lorsque le recours en Cassation contre
un jugement rendu en matière criminelle, correc
tionnelle ou de police, sera exercé soit par la partie
civile, s'il y en a une, soit par le Ministère Public,
ce recours, outre l'inscription énoncée en l'article
précédent, sera notifié dans un délai de trois jours à
la partie contre laquelle il est dirigé.— Proc. civ. 78
954.— Inst. crim. 13, 53, 190.

Lorsque cette partie sera actuellement détenue,
l'acte contenant la déclaration.de recours lui sera
lu par le greffier ; elle le signera ; et si elle ne le peut
ou ne le veut, le greffier en fera mention.

Lorsqu'elle sera en liberté, le demandeur lui fera
notifier son recours, par le ministère d'un huissier,
soit à personne, soit au domicile par elle élu. Le

délai sera, en ce cas, augmenté d'un jour par 40 kilomètres de distance.— Inst. crim. 18, 59, 83, 220 et suiv,

ART. 317. La partie civile qui se sera pourvue en Cassation est tenue de joindre aux pièces une expédition du jugement.— Inst. crim. 53, 296, 310, 329.   419

Elle sera tenue, à peine de déchéance, de consigner une amende de 25 gourdes ou la moitié de cette somme, si le jugement est rendu par contumace ou par défaut.— Inst. crim. 128, 159, 318 et suiv. 361.

Le dépôt de l'amende prévue par l'article 326 en son 2e alinéa (au jourd'hui art. 317] peut être opéré même au moment du délibéré pour la recevabilité du pourvoi en Cassation,le dit article n ayant pas prescrit un terme fatal pour ce dépôt. – Cass. 25 Juillet 1906

ART. 318. Sont dispensés de l'amende : 1º les condamnés en matière criminelle ; 2º les agents publics pour affaires qui concernent directement l'administration. — Inst crim. 317.   420d

À l'égard de toutes autres personnes, l'amende sera encourue par celles qui succomberont dans leurs recours ; seront néanmoins dispensées de la consigner, celles qui joindront à leur demande en Cassation un certificat d'indigence à elles délivré par le juge de paix de leur commune et visé par l'officier d'administration.

ART. 319. Les condamnés, même en matière correctionnelle ou de police, à une peine emportant privation de la liberté ne seront pas admis à se pourvoir en Cassation, lorsqu'ils ne seront pas actuellement en état, ou lorsqu'ils n'auront pas été mis en liberté provisoire avec ou sans caution. L'acte de leur écrou ou de leur mise en liberté sera produit devant le Tribunal de Cassation au moment où l'affaire y sera appelée ou, au plus tard, immédiatement après que le délibéré aura été ordonné, sous peine d'irrecevabilité de la demande.— C Civ. 186, 1º. — Proc. Civ. 93.— Inst. Crim. 96.   421d

Il suffira au demandeur, pour que son recours soit reçu, de justifier qu'il s'est constitué dans la maison de Justice du lieu où siège le Tribunal de Cassation : le gardien de cette maison pourra l'y recevoir, sur la

représentation de sa demande adressée au Commissaire du Gouvernement près ce Tribunal et visée par
ce Magistrat.

422 ART. 320. Le condamné ou la partie civile, soit en
faisant sa déclaration, soit dans les dix jours suivants,
pourra déposer au Greffe du Tribunal qui aura rendu le jugement attaqué, une requête contenant ses
moyens de Cassation ; le greffier lui en donnera reconnaissance et remettra sur le champ cette requête
au Magistrat chargé du Ministère public.

La requête ainsi que l'expédition du jugement dont
il est fait mention en l'art. 324 (art. 317) seront ac-
compagnées du nombre de copies prévues par la loi.—
Inst. crim. 1, 53, 317, 321 et suiv.— Loi organique du
Tribunal de Cassation, art. 19.

423d ART. 321. A l'expiration des dix jours qui suivront
la déclaration, ce Magistrat transmettra au Commissaire du Gouvernement près le Tribunal de Cassation les pièces du procès y compris les requêtes
des parties, si elles en ont déposé. — Inst. crim. 327,
329.

Le greffier du Tribunal qui aura rendu le jugement
attaqué rédigera, sans frais, et joindra un inventaire
des pièces, sous peine d'une amende de 25 gourdes,
laquelle sera prononcée par le Tribunal de Cássa-
tion.— Inst. crim. 320, 322.

424 ART. 322. Dans les vingt-quatre heures de la réception des pièces, le Commissaire du Gouvernement
près le Tribunal de Cassation les adressera à ce
Tribunal et il en donnera avis au Magistrat qui les
lui aura transmises.— Inst. Crim. 332.

Les condamnés pourront aussi transmettre directement au greffe du Tribunal de Cassation avec les
copies, au nombre prévu par la loi, soit leurs requêtes, soit les expéditions ou copies signifiées tant du
jugement que de leurs demandes en Cassation.—
Inst. Crim. 151, 324, 329.— Loi Organique dû Tribunal de Cassation art. 19.

425 ART. 323. Le Tribunal de Cassation, en toute affaire criminelle, correctionnelle, ou de police, pourra
statuer sur le recours en Cassation, aussitôt après

l'expiration des délais portés au présent chapitre, et devra y statuer, dans le mois au plus tard, à compter du jour où ces délais seront expirés.

ART. 324. Hors les cas prévus en l'art. 335,(art.325) **427** le Tribunal de Cassation annulant un jugement rendu, soit en matière criminelle, soit en matière correctionnelle, soit en matière de police, ne prononcera pas de renvoi et statuera au fond par le même arrêt si la cause est en état d'être définitivement jugée. Dans le cas contraire, il ordonnera que la cause soit instruite à nouveau et fixera l'audience à laquelle se fera l'instruction.

Néanmoins si le jugement est annulé, pour cause d'incompétence, le Tribunal renverra le procès et les parties devant les juges qui doivent en connaître.— Inst. crim. 141, 146, 148, 151, 173.

ART. 325. Lorsque le procès aura été renvoyé de- **433d** vant un Tribunal criminel, et qu'il y aura des complices qui ne seront pas en état d'accusation, ce Tribunal les renverra devant le juge d'instruction qui fera l'instruction conformément à la loi.—. Inst crim. 109, 190, 200, 327.

ART. 326. Lorsque le fait qui aura donné lieu à une condamnation se trouvera n'être pas un délit qualifié par la loi, le Tribunal de Cassation annulera le jugement et appliquera s'il y a partie civile, les dispositions de l'article 337 (art.329).—Inst. crim. 1, 53. 283, 287, 317.

ART. 327. Dans toutes causes soumises au jury, **434** lorsque l'annulation du jugement du Tribunal criminel sera fondée sur ce que, soit dans l'ordonnance de renvoi du juge d'instruction, soit dans la déclaration du Jury,soit dans l'instruction ou la procédure faite à l'audience jusqu'à cette déclaration, il y aura eu violation ou omission de quelques unes des formalités prescrites par la loi à peine de nullité, la cause sera renvoyée par devant le même Tribunal qui a rendu le jugement.

Dans ce cas, elle sera soumise à un nouveau jury dont ne fera partie aucun des jurés de la composition précédente.— Inst. crim.— 235. 328.

435   ART. 328. L'accusé dont la condamnation aura été annulée, et qui devra subir un nouveau jugement au criminel, sera traduit, soit en état d'arrestation, soit en exécution de l'ordonnance de prise de corps, devant le Tribunal à qui son procès sera renvoyé.— Inst. crim. 117, 327.

436d   ART. 329. La partie civile qui succombera dans son recours, soit en matière criminelle, soit en matière correctionnelle ou de police, sera condamnée aux frais et dépens envers la partie acquittée, absoute ou renvoyée sans préjudice de tous dommages intérêts s'il y a lieu. La partie civile sera de plus condamnée envers l'Etat à une amende de G. 25 ou de G. 12. 50 seulement, si le jugement a été rendu par contumace ou par défaut.— Inst. crim. 1, 53, 112 278, 291, 296, 310, 317, 330. 361, 369.

437   ART. 330. Lorsque le jugement aura été annulé, l'amende consignée sera rendue sans aucun délai, en quelques termes que soit conçu l'arrêt qui aura statué sur le recours et quand même il aurait omis d'en ordonner la restitution.— Inst. crim. 327, 329.

ART. 331. Lorsqu'une demande en Cassation aura été rejetée, la partie qui l'avait formée ne pourra plus se pourvoir en Cassation contre le même jugement sous quelque prétexte et par quelque moyen que ce soit.

439   ART. 332. L'arrêt qui aura rejeté la demande, sera délivré, dans les trois jours, au Commissaire du Gouvernement près le Tribunal de Cassation, par simple extrait signé du Greffier, lequel sera adressé au Secrétaire d'Etat de la Justice et renvoyé, par celui-ci, au Magistrat chargé du Ministère public près le Tribunal qui aura rendu le jugement attaqué.— Inst. crim 298, 299, 312.

441   ART. 333. Lorsque, sur l'exhibition d'un ordre formel à lui donné par le Secrétaire d'Etat de la Justice, le Commissaire du Gouvernement près le Tribunal de Cassation dénoncera au Tribunal de Cassation des actes judiciaires ou jugements contraires à la loi, ces actes ou jugements pourront être annulés, et les officiers de police ou les juges pour-

suivis, s'il y a lieu, de la manière exprimée au chapitre III de la loi Nº 6.— Proc. civ 917.— Inst. crim. 307, 334.

ART. 334. Lorsqu'il aura été rendu par un tribu- 442
nal criminel ou par un tribunnl correctionnel ou de police, un jugement sujet à Cassation, et contre lequel, néanmoins, aucune des parties ne se sera pourvue dans le délai, le Commissaire du Gouvernement près le tribunal de Cassation pourra aussi d'office, et nonobstant l'expiration du délai, en donner connaissance au Tribunal de Cassation.; le jugement sera cassé sans que les parties puissent s'en prévaloir pour s'opposer à son exécution.—Inst. c. 307, 333.

CHAPITRE III
DES DEMANDES EN REVISION.

ART. 335. Lorsqu'un accusé aura été condamné 443d
pour un crime, et qu'un autre accusé aura aussi été condamné par un autre jugement, comme auteur du même crime, si les deux jugements ne peuvent se concilier, et sont la preuve de l'innocence de l'un ou de l'autre condamné, l'exécution des deux jugements sera suspendue, quand même la demande en Cassation de l'un ou de l'autre jugement aurait été rejetee Inst. Crim. 292, 296, 298, 302, 336 et suiv. 407, 410.

Le Secrétaire d'Etat de la Justice, soit d'office soit sur la réclamation du condamné ou, en cas d'incapacité, du son représentant légal ; après sa mort ou son absence déclarée, de son conjoint, de ses enfants, de ses parents, de ses légataires universels ou à titre universel ou de ceux qui en ont reçu de lui la mission expresse, chargera le Commissaire du Gouvernement près le Tribunal de Cassation, de dénoncer les deux jugements à ce Tribunal qui, après avoir vérifié que les deux condamnations ne peuvent se concilier, cassera les deux jugements et renverra les accusés, pour être procédé, sur les actes d'accusation subsistants, devant un tribunal autre que ceux qui ont rendu les deux jugements.— Inst. Crim. 325 et suiv.

ART. 336. Lorsque, après une condamnation pour 443d

homicide, il sera, de l'ordre exprès du Secrétaire d'Etat de la Justice, adressé au Tribunal de Cassation des pièces, représentées postérieurement à la condamnation, et propres à faire naître de suffisants indices sur l'existence de la personne dont la mort supposée aurait donné lieu à la condamnation, ce Tribunal pourra, préparatoirement, désigner un Tribunal pour reconnaître l'existence et l'identité de la personne prétendue homicidée et les constater par l'interrogatoire de cette personne, par audition de témoins, et par tous les moyens propres à mettre en évidence le fait destructif de la condamnation.— Inst. Crim. 67, 187.— *C*. Pén. 240, 241.

L'exécution de la condamnation sera, de plein droit, suspendue par l'ordre du Secrétaire d'Etat de la Justice, jusqu'à ce que le Tribunal de Cassation ait prononcé, et, s'il y a lieu ensuite, par l'arrêt préparatoire de ce Tribunal.— Inst. crim. 292, 296, 298, 302 335, 337, 407, 410.

Le Tribunal désigné par le Tribunal de Cassation prononcera simplement sur l'identité ou la non identité de la personne ; après que son jugement aura été, avec la procédure, transmis au Tribunal de Cassation, celui-ci pourra casser le jugement de condamnation, et même renvoyer, s'il y a lieu, l'affaire à un Tribunal criminel autre que ceux qui en auraient primitivement connu. Inst. Crim. 352 et suiv.

413d   ART. 337. Lorsque, après une condamnation contre un accusé, l'un ou plusieurs des témoins, qui avaient déposé à charge contre lui, seront poursuivis pour avoir porté un faux témoignage dans le procès, et si l'accusation en faux témoignage est admise contre eux, ou même s'il est décerné contre eux des mandats d'arrêt, il sera sursis à l'exécution du jugement de condamnation, quand même le tribunal de Cassation aurait rejeté la requête du condamné. — Inst. Crim. 254, 292, 296, 298, 302, 335, 336, 338, 407, 410.

Si les témoins sont ensuite condamnés pour faux témoignage contre l'accusé ou le prévenu, le Secrétaire d'Etat de la Justice, soit d'office, soit sur la réclamation de l'individu condamné par le premier jugement, chargera le Commissaire du Gouvernement près le Tribunal de Cassation de dénoncer le fait à ce Tribunal.

Le Tribunal de Cassation, après avoir vérifié la déclaration du Jury, sur laquelle le second jugement aura été rendu, annulera le premier jugement, si, par cette déclaration, les témoins sont convaincus de faux témoignage à charge contre le premier condamné ; et, pour être procédé contre l'accusé sur l'acte d'accusation subsistant, il le renverra devant un tribunal criminel autre que ceux qui auront rendu soit le premier, soit le second jugement.—Inst.c.325 et suiv.

Si les accusés de faux témoignage sont acquittés, le sursis sera levé de droit, et le jugement de condamnation sera exécuté.

Art. 338. Les témoins condamnés pour faux témoignage ne pourront être entendus dans les nouveaux débats.— Inst. Crim. 254.

Art. 339 Lorsqu'il y aura lieu de reviser une con- 446d damnation pour la cause exprimée en l'article 335, et que cette condamnation aura été portée contre un individu mort depuis, le Tribunal de Cassation créera un curateur à sa mémoire, avec lequel se fera l'instruction et qui exercera tous les droits du condamné.

Si, par le résultat de la nouvelle procédure, la première condamation se trouve avoir été portée injustement, le nouveau jugement déchargera la mémoire du condamné de l'accusation qui avait été portée contre lui.— Inst. crim. 336.

LOI No. 6.

Sur quelques Procédures particulieres.

CHAPITRE PREMIER.

DU FAUX

Art. 340. Dans tous les procès pour faux en écri- 448d ture, la pièce arguée de faux, aussitôt qu'elle aura

été produite, sera déposée au greffe, signée et para-
phée à toutes les pages par le Greffier qui dressera
procès-verbal détaillé de l'état matériel de la pièce,
et par la personne qui l'aura déposée, si elle sait
signer, ce dont il sera fait mention ; le tout à peine
de vingt gourdes d'amende contre le Greffier qui
l'aura reçue sans que cette formalité ait été rem-
plie.—Proc. Civ. 194 et suiv.. 215 et suiv.— Inst Crim.
134, 169, 341 et suiv. - C. Pén. 97 et suiv.

449   Art. 341. Si la pièce arguée de faux est tirée d'un
dépôt public, le fonctionnaire, qui s'en dessaisira,
la signera aussi et la paraphera, comme il vient
d'être dit, sous peine d'une pareille amende.— Inst.
Crim. 342, 344.

450   Art. 342. La pièce arguée de faux sera de plus
signée par l'officier de police judiciaire et la partie
civile ou son défenseur, si ceux-ci se présentent.—
Inst. crim. 1, 19, 53, 158, 199, 315, 359.

Elle le sera également par le prévenu au moment
de sa comparution.

Si les comparants ou quelques uns d'entre eux,
ne peuvent pas ou ne veulent pas signer, le procès-
verbal en fera mention.

En cas de negligence ou d'omission, le greffier sera
puni de vingt gourdes d'amende.— Inst crim. 292,
293, 321, 341, 345, 365, 429, 430.

451   Art. 343. Les plaintes et dénonciations en faux
pourront toujours être suivies, lors même que les
pièces qui en sont l'objet auraient servi de fonde-
ment à des actes judiciares ou civils.— Proc. Civ.
215, 238, 241, 251.— Inst. crim. 50.

452   Art. 344. Tout dépositaire public ou particulier
de pièces arguées de faux est tenu, sous peine d'y
être contraint par corps, de les remettre, sur l'ordonnance donnée par l'officier du Ministère public ou
par le juge d'Instruction.— C. Civ. 1829.— Proc. Civ.
133.— Inst. crim. 13, 44, 341, 342, 346, 348.

Cette ordonnance et l'acte de dépôt lui serviront
de décharge envers tous ceux qui auront intérêt à
la pièce.— Inst. crim. 12, 32, 58

453   Art. 345. Les pièces qui seront fournies pour ser-

vir de comparaison, seront signées et paraphées comme il est dit aux trois premiers articles du présent
chapitre pour la pièce arguée de faux et sous les
mêmes peines — Inst. crim. 340, 341, 342.

ART. 346. Tous dépositaires publics pourront être
contraints, même par corps, à fournir les pièces de
comparaison qui seront en leur possession : l'ordonnance par écrit et l'acte de dépôt leur serviront de
décharge envers ceux qui pourraient avoir intérêt à
ces pièces.— Proc. Civ. 222 et suiv.

ART. 347. S'il est nécessaire de déplacer une pièce 455
authentique, il en sera laissé au dépositaire une copie
collationnée, laquelle sera vérifiée sur la minute ou
l'original par le Doyen du Tribunal de Premiere
Instance dans le ressort duquel le dépositaire sera
domiciliée ; le Doyen en dressera procès-verbal, et si
le dépositaire est une personne publique, cette copie
sera par lui mise au rang de ses minutes, pour en
tenir lieu jusqu'au renvoi de la pièce, et il pourra en
délivrer des grosses ou expéditions, en faisant mention au procès-verbal.—C. Civ. 1102.—Proc. civ. 204.

Néanmoins, si la pièce se trouve faire partie d'un
registre de manière à ne pouvoir en être momenta-
nément distraite, le Tribunal pourra, en ordonnant
l'apport du registre, dispenser de la formalité établie
par le présent article. — Proc. Civ. 246.

ART. 348. Les écritures privées peuvent aussi être 456
produites pour pièces de comparaison, et être admises
à ce titre, si les parties intéressées les reconnaissent.

Néanmoins les particuliers qui, même de leur aveu,
en sont possesseurs ne peuvent être immédiatement
contraints à les remettre ; mais si, après avoir été
cités devant le Tribunal saisi pour faire cette remise
ou déduire les motifs de leur refus, ils succombent,
le jugement pourra ordonner qu'ils y seront contraints par corps.— C. Civ. 1829.— Proc. Civ. 78,
133. Inst. crim. 344, 346.

ART. 349. Lorsque les témoins s'expliqueront sur 457
une pièce du procès, ils la parapheront et la signeront, et s'ils ne peuvent signer, le procès-verbal en
fera mention.—Proc.civ. 213, 235, 236.—Inst.crim.67,

Si, dans le cours d'une instruction ou d'une procédure, une pièce produite est arguée de faux par l'une
des parties, elle sommera l'autre de declarer si elle
entend se servir de la pièce.— Proc. civ. 78, 216,
217.—Inst. crim. 344, 346.

459   Art. 350. La pièce sera rejetée du procès. si la
partie déclare qu'elle ne veut pas s'en servir, ou si,
dans le délai de huit jours, elle ne fait aucune déclaration ; et il sera passé outre à l'instruction ou au
jugement.

Si la partie déclare qu'elle entend se servir de la
pièce, l'instruction.sur le faux sera suivie incidem-
ment devant le Tribunal saisi de l'affaire principale.—
Inst. crim. 349, 351 et suiv.

460   Art. 351. Si la partie qui a argué de faux la pièce,
soutient que celui qui l'a produite est l'auteur ou le
complice du faux, ou s'il résulte de la procédure que
l'auteur ou le complice du faux soit vivant, et la
poursuite du crime non éteinte par la prescription,
l'accusation sera suivie criminellement dans les formes ci-dessus prescrites.— Inst. crim. 340 et suiv.

Si le procès est engagé au civil, il sera sursis au
jugement, jusqu'à ce qu'il ait été prononcé sur le
faux.— Proc. Civ. 215 et suiv.

S'il s'agit de crimes, délits ou contraventions, le
tribunal saisi est tenu de décider préalablement et
après avoir entendu l'officier chargé du Ministère public, s'il y a lieu ou non à surseoir.—Proc.Civ. 240, 241.

461   Art. 352. Le prévenu ou l'accusé pourra être requis
de produire et de former un corps d'écriture; en cas
de refus ou de silence le procès verbal en fera mention.-- Proc. Civ. 207.

462   Art. 353. Si un Tribunal trouve dans l'instruction
d'un procès, même civil, des indices sur un faux et
sur la personne qui l'a commis, l'officier chargé du
Ministère Public ou le Doyen, transmettra les pièces
au Commissaire du Gouvernement soit du lieu où le
délit paraîtra avoir été commis, soit du lieu où le prévenu pourra être saisi, et il pourra même délivrer le
mandat d'amener.— Proc. civ. 240.— Inst. crim. 30,
44, 77, 341.

ART. 354. Lorsque des actes authentiques auront 463
été déclarés faux, en tout ou en partie, le Tribunal
qui aura connu du faux, ordonnera qu'ils soient réta-
blis, rayés ou réformés; et du tout il sera dressé
procès-verbal.— C. Civ. 101.— Proc. civ. 241, 243.

Les pièces de comparaison seront renvoyées dans
les dépôts d'où elles auront été tirées, ou seront remises aux personnes qui les auront communiquees;
le tout dans un délai de quinzaine, à compter du
jour du jugement, à peine d'une amende de dix
gourdes contre le greffier.— Proc. civ. 244, 245.—
Inst. crim. 347 à 349, 352.

ART. 355. Le surplus de l'instruction sur le faux 464
se fera comme les autres délits, sauf l'exception
suivante.— Inst. Crim. 44 et suiv.

Les Doyens des Tribunaux criminels, le Ministère
Public, les Juges d'Instruction et les Juges de Paix,
pourront continuer hors de leur ressort, les visites
nécessaires chez les personnes soupçonnées d'avoir
fabriqué, introduit, distribué de faux papiers nationaux, de faux billets de caisse, ou de faux billets
de banque.— Inst. crim. 5, 6, 311, 1º.— C. Pén. 97 et
suiv., 101 et suiv.

La présente disposition aura lieu également pour
le crime de fausse monnaie ou de contrefaçon de
sceau de l'Etat.—C. Pén. 97 et suiv., 101 et suiv.

CHAPITRE II
DES CONTUMACES.

ART. 356. Lorsque, après une ordonnance de mise 465
en accusation, l'accusé n'aura pû être saisi ou ne
se présentera pas dans les dix jours de la notification qui en aura été faite à son domicile ; ou lorsque,
après s'être présenté, ou avoir été saisi, il se sera
évadé, le Doyen du Tribunal criminel, ou, à son défaut, l'un des Juges délégués en vertu de l'article
179, rendra une ordonnance portant que l'accusé
sera tenu de se représenter dans un nouveau délai de
dix jours, sinon qu'il sera déclaré rebelle à la loi,

qu'il sera suspendu de l'exercice des droits de citoyen, que ses biens seront séquestrés pendant l'instruction de la contumace, que toute action en justice lui sera interdite pendant le même temps qu'il sera procédé contre lui, et que toute personne est tenue d'indiquer le lieu où il se trouve. — C. Civ, 11 suiv. — 91 et suiv. Proc. civ. 78.

Cette ordonnance fera de plus mention du crime et de l'ordonnance de prise de corps, — Inst. Crim. 34, 77, 116, 117, 175, 177, 357 et suiv. 360.

466   ART. 357. Cette ordonnance sera publiée le dimanche suivant et affichée à la porte du domicile de l'accusé, à celle du Juge de Paix et à celle de l'auditoire du Tribunal qui l'a rendue.

Le Commissaire du Gouvernement adressera aussi cette ordonnance à l'administrateur des Finances du domicile du contumax.— Inst. Crim. 190, 389.

467   ART 358. Après un délai de dix jours, il sera procédé au jugement de la contumace.

468   ART. 359. Aucun conseil ou avocat ne pourra se présenter pour défendre l'accusé contumax. Si l'accusé est absent du territoire d'Haïti, ou s'il est dans l'impossibilité absolue de se rendre, ses parents ou ses amis pourront présenter son excuse et en plaider la légitimité. — Inst. Crim. 360.

469   ART. 360. Si le Tribunal trouve l'excuse légitime il ordonnera qu'il sera sursis au jugement de l'accusé et au séquestre de ses biens, pendant un temps qui sera fixé, eu égard à la nature de l'excuse et à la distance des lieux. — Inst. Crim. 359, 361.

470   ART. 361. Hors ce cas, il sera procédé de suite à la lecture de l'ordonnance de renvoi au Tribunal criminel, de l'acte de notification de l'ordonnance ayant pour objet la représentation du contumax, et des procès-verbaux dressés pour constater la publication et l'affiche. — Inst Crim. 175, 356.

Après cette lecture, le Tribunal, sur les conclusions du Ministère public, prononcera sur la contumace. — Inst. crim. 369.

Si l'instruction n'est pas conforme à la loi, le Tribunal la déclarera nulle, et ordonnera qu'elle sera

recommencée, à partir du plus ancien acte illégal.—
Inst. Crim. 372.

Si l'instruction est régulière, le Tribunal prononcera sur l'accusation, et statuera sur les intérêts
civils, le tout sans assistance ou intervention de jurés. — C. Civ. 939, 1168. — Proc. civ. 135, — Inst.
Crim. 1, 53, 282, 368, 397.

ART. 362. Si le contumax est condamné, ses biens 471
seront, à partir de l'exécution du jugement, considérés et régis comme biens d'absent ; et le compte
du séquestre sera rendu à qui il appartiendra, après
que la condamnation sera devenue irrévocable par
l'expiration du délai pour purger la contumace.
— C Civ. 28, 29 et suiv., 106 et suiv.. 1728 et
suiv. — Proc. civ. 253 et suiv. — Inst. Crim. 366, 369

ART. 363. Extrait du jugement de condamnation 472d
sera, dans les trois jours de la prononciation, à la
diligence du Ministère public, affiché aux portes des
Tribunaux et sur les places publiques du lieu où le
crime aura été commis. — C. Civ. 27, 28, 29 et suiv.
— Inst. Crim. 190, 298. — C. Pén. 13.

Pareil extrait sera, dans le même délai, adressé à
l'Administrateur des finances du domicile du contumax. — Inst. Crim. 364.

ART. 364. Le recours en Cassation ne sera ouvert 473
contre les jugements de contumace qu'au Ministère
public et la partie civile, en ce qui la regarde. —
Inst. Crim. 1, 53, 296 et suiv., 306, 314 et suiv.

ART. 365. En aucun cas, la contumace d'un ac- 474
cusé ne suspendra ni ne retardera de plein droit
l'instruction à l'égard de ses co-accusés présents.

Le Tribunal pourra ordonner, après le jugement
de ceux-ci, la remise des effets déposés au Greffe
comme pièces de conviction, lorsqu'ils seront réclamés par les propriétaires ou ayants-droit.

Il pourra aussi ne l'ordonner qu'à charge de représenter, s'il y a lieu.

Cette remise sera précédée d'un procès-verbal de
description dressé par le Greffier, à peine de vingt
gourdes d'amende.

ART. 366. Durant le séquestre, il peut être accor- 475

dé des secours à la femme, aux enfants, au père ou à la mère de l'accusé, s'ils sont dans le besoin.

Ces secours seront réglés par l'autorité administrative, sauf recours des intéressés, pardevant les Tribunaux compétents, si le cas y échet.

476   ART. 367. Si l'accusé se constitue prisonnier, ou s'il est arrêté avant que la peine soit éteinte par la prescription, le jugement rendu par contumace et les procédures faites contre lui, depuis l'ordonnance de prise de corps, ou de se représenter, seront anéantis de plein droit, et il sera procédé à son égard dans la forme ordinaire.

Si cependant la condamnation par contumace était de nature à emporter la privation des droits civils, et si l'accusé n'a été arrêté ou ne s'est représenté qu'après les cinq ans qui ont suivi le jour fixé pour l'exécution du jugement de contumace, ce jugement conservera, pour le passé, les effets que la privation des droits civils aurait produits dans l'intervalle écoulé depuis l'expiration des cinq ans, jusqu'au jour de la comparution de l'accusé en justice.

477   ART. 368. Dans les cas prévus par l'article précédent, si, pour quelque cause que ce soit, des témoins ne peuvent être produits aux débats, leurs dépositions écrites et les réponses écrites des autres accusés du même délit seront lues à l'audience : il en sera de même de toutes les autres pièces qui seront jugées par le Doyen du Tribunal criminel être de nature à répandre la lumière sur le délit et les coupables.

478   ART. 369. Le contumax qui, après s'être représenté, obtiendrait son renvoi de l'accusation, sera toujours condamné aux frais occasionnés par sa contumace.

CHAPITRE III

DES CRIMES COMMIS PAR DES JUGES, HORS DE LEURS
FONCTIONS, ET DANS L'EXERCICE DE LEURS FONCTIONS

ART. 370. Lorsqu'un Juge de Paix, un membre du 479d
Tribunal de Première Instance, un membre du Parquet de l'un de ces Tribunaux,ou un Tribunal entier,
sera prévenu d'avoir commis,hors de ses fonctions,ou
dans l'exercice de ses fonctions, un délit emportant
une peine, soit correctionnelle, soit afflictive ou infamante, l'officier qui aura reçu les dénonciations
et la plainte, sera tenu d'en envoyer, de suite, des
copies au Secrétaire d'Etat de la Justice, ainsi que
la copie des pièces.— Inst. Crim. 152, 331, 371 et suiv.
3⁻9.

ART. 371 Le Secrétaire d'Etat de la Justice trans- 482d
mettra les pièces au Tribunal de Cassation, qui, s'il
y a lieu, désignera le Magistrat qui remplira les fonctions de Juge d'Instruction et celui qui exercera les
fonctions d'officier de police judiciaire.— Inst. Crim.
13, 44, 185, 190, 370, 379.

ART. 372. Après avoir entendu les témoins et 489
terminé l'instruction qui lui aura été déléguée, le
Juge d'Instruction renverra les procès-verbaux et
les autres actes, clos et cachetés, au Doyen du Tribunal de Cassation.— Inst. Crim. 70, 200, 391, 394

ART. 373. Sur le vu, soit des pièces qui auront 490d
été transmises par le Secrétaire d'Etat de la Justice,
ou produites par les parties, soit des renseignements
ultérieurs qu'il se sera procurés, le Tribunal ordonnera, s'il y a lieu, la comparution de l'inculpé ; et,
après l'avoir entendu ou dûment appelé, il renverra
s'il y a lieu, l'affaire par devant un Tribunal Correctionnel ou un Tribunal criminel. Dans ce dernier
cas, le Président du Tribunal décernera l'ordonnance de prise de corps. – Inst. Crim. 81, 83, 376,
378, 431, 423.

ART. 374. Le Secrétaire d'Etat de la Justice pourra
d'office donner connaissance au Tribunal de Cassation qui procédera comme il est dit ci-dessus.

Art. 375. Le fait pourra aussi être dénoncé directement au Tribunal de Cassation par les personnes qui se prétendront lésées; mais seulement lorsqu'elles demanderont à prendre l'inculpé à partie, ou lorsque la dénonciation sera incidente à une affaire pendante au Tribunal de Cassation. — Proc. civ. 438 et suiv.

Art. 376. Si le fait dénoncé est de nature à emporter une peine afflictive ou infamante, et que la prévention soit suffisamment établie, le Président du Tribunal de Cassation pourra, sur la réquisition du Ministère Public, décerner le mandat de dépôt contre l'inculpé, sauf à procéder ensuite conformément aux articles précédents. — Inst. Crim. 81, 83, 370.

491   Art. 377. Le Président ordonnera de suite la communication de la procédure au Commissaire du Gouvernement qui, dans les cinq jours suivants, adressera au Tribunal de Cassation son réquisitoire. — 20, 50, 370, 378.

492d   Art 378. Soit que le réquisitoire ait été ou non précédé d'un mandat de dépôt le Tribunal y statuera, en Chambre du Conseil, toutes affaires cessantes. — Inst. Crim. 175, 377.

401   Art. 379. L'instruction ainsi faite devant le Tribunal de Cassation, ne pourra être attaquée quant à la forme.

Elle sera commune aux complices du magistrat ou du Tribunal poursuivi lors même qu'ils n'exerceraient point des fonctions judiciaires.— Inst. Crim. — 109, 316. — C. Pén. 44 et suiv.

502²   Art. 330. Seront au surplus observées les autres dispositions du présent Code qui ne sont pas contraires aux formes de procéder prescrites par le présent Chapitre.

503d   Art. 381. Le pourvoi dirigé contre le jugement du Tribunal criminel, auquel l'affaire aura été envoyée, pourra être porté devant les mêmes Juges qui auront statué sur le renvoi.

494d   Art. 382. Lorsque dans l'examen d'une affaire, et sans qu'il y ait de dénonciation, le Tribunal de Cassation apercevra quelqu'infraction de nature à faire poursuivre criminellement un Tribunal ou un Magistrat, il pourra d'office procéder comme il est dit ci-dessus. — Inst. Crim. 370.

CHAPITRE IV

DES DÉLITS CONTRAIRES AU RESPECT DU AUX AUTORITÉS CONSTITUÉES.

ART. 383. Lorsque, à l'audience ou en tout autre 504 lieu où se fait publiquement une instruction judiciaire, l'un ou plusieurs des assistants donneront des signes publics soit d'approbation, soit d'improbation, ou exciteront du tumulte, de quelque manière que ce soit, après un premier avertissement resté sans effet, le Président ordonnera de les arrêter et conduire dans la maison d'arrêt : il sera fait mention de cet ordre dans le procès-verbal ; et sur l'exhibition qui en sera faite au gardien de la Maison d'arrêt, les pertubateurs y seront reçus et retenus pendant vingt quatre heures. — P. Civ. 15. 16, 17, 94 et suiv. — Inst. Crim. 154, 185, 384 et suiv. , 388 — C. Pén. 38.

ART. 384. Lorsque le tumulte aura été accompagné 505d d'injures ou de voies de fait donnant lieu à l'application de peines correctionnelles ou de police, ces peines pourront être prononcées séance tenante, immédiatement après que les faits auront été constatés. — Inst. Crim. 21, 123, 145 et suiv. 173. — Code Pénal 183 et suiv.

Dans ce cas, s'il s'agit de peines de simple police, la décision ne sera sujette à aucun recours de quelque Tribunal qu'elle émane.

ART. 385. S'il s'agit d'un crime commis à l'audien 506 ce d'un tout autre Tribunal que ceux indiqués à l'art. 395, (art. 384,) le juge, après avoir fait arrêter le délinquant et dressé procès-verbal des faits, enverra les pièces et le prévenu devant le Tribunal compétent. — Proc. Civ. 98. — Inst. Crim. 19, 22, 30, 888.

ART. 386. A l'égard des voies de fait qui auraient 507 dégénéré en crimes ou de tous autres crimes flagrants et commis à l'audience du Tribunal de Cassation ou d'un Tribunal Criminel, le Tribunal procédera au jugement de suite et sans désemparer.

Il entendra les témoins, le délinquant et le conseil qu'il aura choisi ou qui lui aura été désigné par le Juge qui préside et, après avoir constaté les faits et oui le Ministère Public, le tout publiquement, il appliquera la peine par une décision motivée.

Art. 387. Dans les cas prévus à l'article, précédent s'il s'agit d'un Tribunal Criminel siégeant avec ou sans assistance du jury, il jugera sans l'assistance du Jury.

Art. 388. Les officiers de police administrative ou judiciaire, lorsqu'ils rempliront publiquement quelques actes de leur ministère, exerceront aussi les fonctions de police réglées par l'article 383, et, après avoir fait saisir les perturbateurs, ils dresseront procès-verbal du délit, et enverront ce procès-verbal, s'il y a lieu, ainsi que les prévenus, devant les juges compétents.— Inst. crim. 19. 22, 30, 385.

CHAPITRE V.

DE LA MANIÈRE DONT SERONT REÇUES EN MATIÈRE CRIMINELLE, CORRECTIONELLE ET DE POLICE. LES DÉPOSITIONS DE CERTAINS FONCTIONNAIRES DE L'ETAT.

510   Art. 389. Les grands fonctionnaires de l'Etat ne pourront jamais être cités comme témoins, même pour les débats qui ont lieu en présence du jury, si ce n'est dans le cas où le Président d'Haiti, sur la demande d'une partie et le rapport du Secrétaire d'Etat de la Justice, aurait, par ordonnance spéciale, autorisé cette comparution.— Proc. Civ. 78. Inst. crim. 18, 58, 67, 242, 390 et suiv.

511   Art. 390. Les dépositions des personnes de cette qualité seront, sauf l'exception ci-dessus prévue, rédigées par écrit et reçues par le Doyen du Tribunal de Première Instance, ou, en cas d'empêchement, par

des juges délégués par lui si les personnes désignées en l'article précédent résident ou se trouvent dans la ville où siège le Tribunal, sinon par le juge de Paix soit du lieu de leur domicile, soit du lieu où elles se trouveraient accidentellement.

L'ordonnance du Doyen indiquera la cause légale de leur empêchement.

Il sera, à cet effet adressé par le Doyen ou le Juge d'Instruction saisi de l'affaire au Doyen ou au Juge de Paix ci-dessus désigné, un état de faits, demandes et questions sur lesquels le témoignage est requis.

Ce Magistrat se transportera aux demeures des personnes dont il s'agit pour recevoir leurs dépositions et, s'il y échet, poser toutes autres questions concordantes susceptibles d'éclairer plus amplement là Justice.

ART. 391. Les dépositions ainsi reçues seront immédiatement remises au greffier, ou envoyées closes et cachetées à celui du Tribunal ou du juge requérant, et communiquées sans délai à l'officier chargé du Ministère public. — Inst. Crim. 71, 200, 372, 394.   512

Dans l'examen devant le Jury, elles seront lues publiquement aux jurés et soumises aux débats, sous peine de nullité.— Inst. Crim. 235 et suiv. 306, 368.

ART. 392. Dans le cas où le Président d'Haïti aurait ordonné ou autorisé la comparution de quelques unes des personnes ci-dessus désignées devant le Jury, l'ordonnance déterminera le cérémonial à observer à leur égard.— Inst. Crim. 389.   513

ART. 393. A l'égard des généraux actuellement en service, des employés en mission, des Agents accrédités par le Président près des Puissances Étrangères, il sera procédé comme suit : Si leur déposition est requise devant le Tribunal criminel ou devant le Juge d'Instruction du lieu de leur résidence ou de celui où ils se trouveraient actuellement. ils devront la fournir dans les formes ordinaires.— Inst. Crim. 67.

S'il s'agit d'une déposition relative à une affaire poursuivie hors du lieu où ils résident pour l'exercice de leurs fonctions et de celui où ils se trouveraient accidentellement et si cette déposition n'est pas requise devant le Jury, le Président ou le Doyen ou le Juge d'Instruction saisi de l'affaire adressera à celui du lieu où résident ces fonctionnaires, à raison de leurs fonctions, un état de faits, demandes et questions sur lesquels leur témoignage est requis. — Inst. Crim. 390.

S'il s'agit du témoignage d'agent résidant auprès d'un Gouvernement étranger, cet état sera adressé au Secrétaire d'Etat de la Justice qui en fera le renvoi sur les lieux, et désignera la personne qui recevra la déposition.

515   ART. 394. Le Doyen ou le Juge d'Instruction auquel sera adressé l'état mentionné en l'article précédent, fera assigner le fonctionnaire devant lui et recevra sa déposition par écrit. — Proc. Civ. 78.

516   Cette déposition sera envoyée close et cachetée au greffe du Tribunal ou au juge requérant, communiquée et lue, comme il est dit en l'article 391, et sous les mêmes peines. — Inst. crim. 71, 200, 305, 372.

517   ART. 395. Si les fonctionnaires, de la qualité exprimée en l'article 393, sont cités à comparaître comme témoin, devant un Jury assemblé hors du lieu où ils résident pour l'exercice de leurs fonctions, ou de celui où ils se trouveraient accidentellement, ils pourront en être dispensés par une ordonnance du Président d'Haiti.

Dans ce cas, ils déposeront par écrit, et l'on observera les dispositions des articles 393 et 394.

CHAPITRE VI

DE LA RECONNAISSANCE DE L'IDENTITÈ DES INDIVIDUS

CONDAMNÉS, ÉVADÉS ET REPRIS.

518   ART. 396. La reconnaissance de l'identité d'un individu condamné, évadé et repris, sera faite par le Tribunal qui aura prononcé sa condamnation. — Inst. crim. 397, 398.

Il en sera de même de l'identité d'un individu condamné au bannissement, qui aura enfreint son

ban et sera repris ; le Tribunal, en prononçant l'iden
tité, lui appliquera, de plus, la peine attachée par la
loi à son infraction. — C. Pén. 8.

Art. 397. Tous ces jugements seront rendus, sans **519**
assistance de jurés, après que le Tribunal aura entendu les témoins appelés, tant à la requête du Ministère public, qu'à celle de l'individu repris, si ce
dernier en a fait citer. — Inst. Crim. 242.

L'audience sera publique, et l'individu repris sera
présent, à peine de nullité — Proc. Civ. 93. — Inst.
Crim. 132, 163, 306.

Art. 398. Le Ministère Public et l'individu repris **520**
pourront se pourvoir en Cassation, dans les formes
et dans le délai déterminés par le présent Code,
contre le jugement rendu sur la poursuite en reconnaissance d'identité. — Inst. Crim. 306. et suiv.,
306, 314 et suiv., 996, 397.

CHAPITRE VII

MANIÈRE DE PROCEDER EN CAS DE DESTRUCTION
OU D'ENLÈVEMENT DES PIÈCES OU DE JUGEMENT
D'UNE AFFAIRE.

Art. 399. Lorsque, par l'effet d'un incendie, d'une **521**
inondation ou de toute autre cause extraordinaire,
des minutes de jugement rendus en matière criminelle ou correctionnelle, et non encore exécutés, ou
des procédures encore indécises auront été détruites,
enlevées ou se trouveront égarées, et qu'il n'aura
pas été possible de les rétablir, il sera procédé ainsi
qu'il suit. — Inst. Crim. 400 et suiv., C. Pén. 207 et
suiv., 212 et suiv.

Art. 400. S'il existe une expédition ou copie au- **522**
thentique du jugement, elle sera considérée comme
minute, et, en conséquence, remise dans le dépôt
destiné à la conservation des jugements.

A cet effet, tout officier public ou tout individu
dépositaire d'une expédition ou d'une copie authentique du jugement, est tenu, sous peine d'y être

contraint par corps, de la remettre au greffe du Tribunal qui l'a rendu, sur l'ordre qui en sera donné par le Doyen du Tribunal.— Inst. Crim. 67, 102, 135, 401.

Cet ordre lui servira de décharge envers ceux qui auront intérêt à la pièce.

Le dépositaire de l'expédition ou copie authentique de la minute détruite, enlevée ou égarée, aura la liberté, en la remettant dans le dépôt public, de s'en faire délivrer une expédition, sans frais.—C. Civ. 116 et suiv.

523   ART. 401. Lorsqu'il n'existera plus en matière criminelle d'expédition ou de copie authentique du jugement, si la déclaration du Jury existe encore en minute ou en copie authentique, on procédera, d'après cette déclaration, à un nouveau jugement.— Inst. Crim. 272, 292, 402.

524   ART. 402. Lorsque la déclaration du Jury ne pourra plus être représentée, ou lorsque l'affaire aura été jugée sans juré, et qu'il n'en existera aucun acte par écrit, l'instruction sera recommencée, à partir du point où les pièces se trouveront manquer, tant en minute qu'en expédition ou copie authentique.— Inst. Crim. 306; 401.

LOI No. 7

Sur les reglements des Juges, et les renvois d'un Tribunal á un autre.

CHAPITRE PREMIER.

DES RÈGLEMENTS DE JUGES

525   ART. 403. Toutes demandes en règlement de Juges seront instruites et jugées sommairement et sur simples mémoires. — Proc. Civ. 312 et suiv. — Inst. Crim. 400 et suiv.

ART. 404. Il y aura lieu à être réglé de Juges par
le Tribunal de Cassation, en matière criminelle,
correctionnelle ou de police, lorsque des Juges
d'Instruction ou des Tribunaux ne ressortissant
point les uns aux autres seront saisis de la connaissance du même délit ou de délits connexes ou
de la même contravention. — Inst. Crim. 109, 110,
205, 325, 416.

Il y aura lieu également à être réglé de Juges
par le Tribunal de Cassation, lorsqu'une Cour mar-
tiale ou tout autre Tribunal d'exception d'une part,
un Tribunal criminel, un Tribunal Correctionnel,
un Tribunal de simple Police ou un Juge d'Instruction d'autre part, seront saisis de la connaissance
du même délit ou de délits connexes ou de la même contravention. — Inst. Crim. 405 et suiv.

ART. 405. Sur le vu de la requête et des pièces, le
Tribunal de Cassation ordonnera que le tout soit
communiqué aux parties, ou statuera définitivement, sauf l'opposition. — Proc. Civ. 78. — Inst.
Crim. 428 et suiv.

ART. 406. Dans le cas où la communication serait
ordonnée sur le pourvoi en conflit du prévenu, de
l'accusé ou de la partie civile, l'arrêt enjoindra à l'un
et à l'autre des officiers chargés du Ministère public
près les autorités judiciaires concurremment saisies,
de transmettre les pièces du procès et leur avis motivé sur le conflit. — Inst. Crim. 1, 53, 414, 416.

Lorsque la communication sera ordonnée sur le
pourvoi de l'un de ces officiers, l'arrêt ordonnera
à l'autre de transmettre les pièces et son avis motivé sur le conflit. — Inst. Crim. 414.

ART. 407. L'arrêt de *soit communiqué* fera mention sommaire des actes d'où naîtra le conflit et fixera, selon la distance des lieux, le délai dans lequel les pièces et les avis motivés seront apportés
au greffe.

La notification qui sera faite de cet arrêt aux parties, emportera de plein droit sursis au jugement
du procès ; et en matière criminelle, à la mise en
accusation, ou, si elle a déjà été prononcée à la for-

mation du Jury, ou à l'examen, mais non aux actes et procédures conservatoires ou d'instruction. — Proc. Civ. 78, 363, 364.

Le prévenu ou l'accusé, et la partie civile, pourront présenter leurs moyens sur le conflit dans la forme réglée par le Chapitre II, de la loi N° 5, pour le recours en Cassation. — Inst. Crim. 1, 53, 413, 433.

532 ART. 408. Lorsque, sur la simple requête, il sera intervenu un arrêt qui aura statué sur la demande en règlements de juges, cet arrêt sera à la diligence du Commissaire du Gouvernement près le Tribunal de Cassation, notifié à l'officier chargé du Ministère Public près le Tribunal ou le Magistrat dessaisi.

Il sera notifié de même au prévenu ou à l'accusé et à la partie civile, s'il y en a une. — Inst. Crim. 413, 421, 431.

533 ART. 409. Le prévenu ou l'accusé et la partie civile pourront former opposition à l'arrêt dans le délai de trois jours, et dans les formes prescrites par le Chapitre II de la loi N° 5, pour le recours en Cassation. Inst. — Crim. 1, 53, 413, 414, 420, 424, 432.

534 ART. 410. L'opposition dont il est parlé au précédent article, entraînera de plein droit sursis au jugement du procès comme il est dit en l'article 403.

ART. 411. Le prévenu qui ne sera pas en arrestation, l'accusé qui ne sera pas retenu dans la maison de justice, et la partie civile ne seront point admis au bénéfice de l'opposition, s'ils n'ont antérieurement, ou dans le délai fixé par l'article 407, élu domicile dans le lieu où siège l'une des autorités judiciaires en conflit. — C. Civ. 98.

A défaut de cette élection, ils ne pourront non plus exciper de ce qu'il ne leur aurait été fourni aucune communication, dont le poursuivant sera dispensé à leur égard. — Inst. Crim. 55, 78, 98, 160.

436 ART. 412. Le Tribunal de Cassation, en jugeant le conflit, statuera sur tous les actes qui pourraient avoir été faits par le Tribunal ou le Magistrat qu'il dessaisira. — Inst. Crim. 313, 414, 424.

537 ART. 413. Les arrêts rendus sur des conflits ne pourront pas être attaqués par la voie de l'opposition, lorsqu'ils auront été précédés d'un arrêt de *soit communiqué*, dûment exécuté . — Inst. Crim. —

ART. 414 L'arrêt rendu, ou après un *soit communi-qué* ou sur une opposition, sera notifié aux mêmes parties et dans la même forme que l'arrêt qui l'aura précédé . — Proc. Civ. 78. — Inst. Crim. 415.   538

ART. 415 Lorsque le prévenu ou l'accusé, l'officier chargé du Ministère Public, ou la partie civile, aura excipé de l'incompétence d'un Tribunal ou d'un Juge d'Instruction, ou proposé un déclinatoire, soit que l'exception ait été admise ou rejetée, aucun règlement de Juges ne pourra être proposé, sauf aux parties à se pourvoir en Cassation, s'il y a lieu, contre le jugement rendu.

ART. 416. Lorsque deux Juges d'Instruction ou deux Tribunaux de Première Instance seront sai-sis de la connaissance d'une même infraction ou d'infractions connexes, les parties seront réglées de Juges par le Tribunal de Cassation suivant la forme prescrite au Chapitre Premier.

Lorsque deux Tribunaux de simple police seront saisis de la même contravention ou de contraven-tions connexes, les parties seront réglées de Juges par le Tribunal de Première Instance auquel ils ressortissent l'un et l'autre, sauf le recours en Cas-sation, et s'ils ressortissent à différents Tribunaux de Première Instance, elles seront réglées par le Tribunal de Cassation, ainsi qu'il est dit en l'article 404.

ART. 417. La partie civile, le prévenu ou l'accusé   541 qui succombera dans la demande en règlement de juges qu'il aura introduite, pourra être condamnée à une amende qui toutefois n'excédera point la somme de *cent vingt gourdes*, dont la moitié sera pour la partie. — Proc. Civ. 366. — Inst. Crim. 1, 53, 413, 414, 416.

CHAPITRE II.

DES RENVOIS D'UN TRIBUNAL A UN AUTRE.

542   ART. 418. En matière criminelle, correctionnelle ou de police, le Tribunal de Cassation peut, sur la réquisition du Commissaire du Gouvernement près ce Tribunal, renvoyer la connaissance d'une affaire, d'un Tribunal criminel, d'un Tribunal correctionnel ou de police, à un autre Tribunal de même qualité, d'un Juge d'Instruction à un autre Juge d'Instruction, pour cause de sûreté publique ou de suspicion légitime. — Proc. Civ. 367 et suiv. — Inst. Crim. 426 et suix.

Ce renvoi peut aussi être ordonné sur la demande des parties intéressées, mais seulement pour cause de suspicion légitime.

543   ART. 419. La partie interessée qui aura procédé volontairement devant un Tribunal ou un Juge d'Instruction, ne sera reçue à demander le renvoi qu'à raison des circonstances survenues depuis, lorsqu'elles seront de nature à faire naître une suspicion légitime. — Proc. Civ. 368, 369. — Inst. Crim. 183, 427.

544   ART. 420. Les officiers chargés du Ministère Public pourront se pourvoir immédiatement devant le Tribunal de Cassation pour demander le renvoi pour cause de suspicion légitime ; mais lorsqu'il s'agira d'une demande en renvoi pour cause de sûreté publique, ils seront tenus d'adresser leurs réclamations, leurs motifs et les pièces à l'appui au Secrétaire d'Etat de la Justice qui les transmettra, s'il y a lieu, au Tribunal de Cassation.

545   ART. 421. Sur le vu de la requête et des pièces, le Tribunal de Cassation statuera définitivement, sauf l'opposition, ou ordonnera que le tout soit communiqué. — Inst. Crim. 412 et suiv.

546   ART. 422. Lorsque le renvoi sera demandé par le prévenu, l'accusé ou la partie civile et que le Tribunal de Cassation ne jugera à propos ni d'accueillir ni de rejeter cette demande sur le champ, l'arrêt

en ordonnera la communication à l'officier chargé
du Ministère Public près le Tribunal ou le Juge
d'Instruction saisi de la connaissance du délit et enjoindra à cet officier de transmettre les pièces avec
son avis motivé sur la demande en renvoi. L'arrêt
ordonnera de plus, s'il y a lieu, que la communication sera faite à l'autre partie.— Inst. Crim. 1, 53,
413, 430.

ART. 423. Lorsque la demande en renvoi sera for- 547
mée par l'officier chargé du Ministère Public, et que
le Tribunal de Cassation n'y statuera point définitivement, il ordonnera, s'il y a lieu, que la communication sera faite aux parties ou prononcera telle
autre disposition préparatoire qu'il jugera nécessaire.

ART. 424. Tout arrêt qui, sur le vu de la requête et 548
des pièces, aura définitivement statué sur une demande de renvoi, sera, à la diligence du Commissaire du Gouvernement près le Tribunal de Cassation
et par l'intermédiaire du Secrétaire d'Etat de la
Justice. notifié soit à l'officier chargé du Ministère
Public près le Tribunal ou le Juge d'Instruction dessaisi, soit à la partie civile, au prevenu ou à l'accusé
en personne ou a domicile elu. —Proc. Civ. 78. —
Inst. Crim. 415.

ART. 425. L'opposition ne sera pas reçue, si elle 519
n'est pas formée d'après les règles et dans le délai
fixé au Chapitre premier de la présente loi. —Inst.
Crim. 416 et suiv.

ART. 426. L'opposition reçue emporte de plein 550
droit sursis au jugement du procès, comme il est
dit en l'article 407.

ART. 427. Les articles 402 506 second alinéa, 407 551
410, 411, 412, 413, 414, et 415, seront communs aux
demandes en renvoi d'un Tribunal à un autre.

ART. 428. L'arrêt qui aura rejeté une demande en 552
renvoi, n'excluera pas une nouvelle demande en
renvoi, fondée sur les faits survenus depuis. — Inst.
Crim. 425, 426.

LOI No. 8.

Sur quelques objets d'intéret public et de sureté générale

CHAPITRE PREMIER

600   ART. 429. Les Greffiers des Tribunaux de Première Instance sont tenus, sur la surveillance du Commissaire du Gouvernement, de consigner par ordre alphabétique, sous un registre particulier, les noms, prénoms, profession, âge et résidence de tous les individus condamnés à un emprisonnement correctionnel ou à une plus forte peine ; ce registre contiendra une notice sommaire de chaque affaire et de la condamnation, à peine de *dix gourdes* d'amende pour chaque omission.

ART. 430. Tous les trois mois, les Greffiers, enverront, sous peine de *vingt gourdes* d'amende, copie de ces registres au Secrétaire d'Etat de la Justice et à celui de l'Intérieur qui feront tenir, dans la même forme, un registre général composé de ces diverses copies.

CHAPITRE II

DES PRISONS, MAISONS D'ARRÊT ET DE JUSTICE.

601d   ART. 431. Indépendamment des maisons établies pour peines, il y aura, dans chaque Arrondissement où est établi un Tribunal de Première Instance, une maison d'arrêt et de Justice, pour y retenir les prévenus et ceux contre lesquels il aura été rendu une ordonnance de prise de corps. — Inst. Crim. 123, 153, 299, 305.

Les maisons d'arrêts et de justice seront entièrement distinctes des prisons établies pour peines.

Les Commissaires du Gouvernement veilleront à ce que ces différentes maisons soient non seulement sûres, mais propres, et telles que la santé des prisonniers ne puisse être aucunement altérée. — Inst. Crim. 443 à 446.

ART. 432. Les gardiens des maisons d'arrêts et de justice et des prisons seront tenus d'avoir un registre.   607

Ce registre sera signé et paraphé, à toutes les pages, par le Juge d'Instruction et le Doyen du Tribunal de Première Instance, pour les maisons d'arrêt et de justice ; et par le Commissaire du Gouvernement près le Tribunal de Première Instance pour les prisons pour peines. — Inst. Crim. 433, 440 à 448.

ART. 433. Tout exécuteur de mandat d'arrêt, d'ordonnance de prise de corps, d'arrêt ou de jugement de condamnation, est tenu, avant de remettre au gardien la personne qu'il conduira, de faire inscrire sur le registre l'acte dont il sera porteur : l'acte de remise sera écrit devant lui. — Inst. Crim. 116, 117 141, 163, 167, 299, 441   608

Le tout sera signé tant par lui que par le gardien.

Le gardien lui en remettra une copie signée de lui, pour sa décharge.

ART. 434. Nul gardien ne pourra, à peine d'être poursuivi et puni comme coupable de détention arbitraire, recevoir ni retenir aucune personne qu'en vertu, soit d'un mandat de dépôt, soit d'un mandat d'arrêt, de renvoi devant un Tribunal Criminel, d'un décrêt d'accusation, ou d'un jugement de condamnation à une peine afflictive ou a un emprisonnement, et sans que la transcription en ait ete faite sur son registre. — Inst. Crim,; 80, 81, 116, 141, 163, 167, 299, 440, 448. — C. Pen. 7, 26, 89, 91, 289.   609

ART. 435 Le registre ci-dessus mentionné contiendra également, en marge de l'acte de remise, la date de la sortie du prisonnier, ainsi que l'ordonnance ou le jugement en vertu duquel elle aura lieu. — Inst. Crim. 440, 441.   610

ART. 436. Le Juge de Paix est tenu de visiter, au moins une fois par mois, les personnes retenues   611 dans la maison d'arrêt de sa commune ; le Doyen du Tribunal, le Juge d'Instruction ainsi que le Commissaire du Gouvernement ou son substitut, au moins une fois par mois, toutes les maisons de détention contenant des accusés ou des condamnés, dans la ville où siège le Tribunal de Première Instance.— Inst crim. 44, 185, 439.

613   ART. 437. Les Magistrats désignés par l'article précédent veilleront à ce que la nourriture des prisonniers soit suffisante et saine. —Inst Crim. 9, 438

Le Juge d'Instruction et le Doyen du Tribunal Criminel pourront donner respectivement tous les ordres qui devront être exécutés dans les maisons d'arrêt ou de justice, et qu'ils croiront nécessaires, soit pour l'instruction, soit pour le jugement. —Inst. Crim. 44, 185, 443, 446.

614   ART. 438. Si quelque prisonnier use de menaces, injures ou violences, soit à l'égard du gardien ou de ses préposés, soit à l'égard des autres prisonniers, il sera, sur les ordres de qui il appartiendra, resserré plus étroitement, enfermé seul, même mis au fers, en cas de fureur ou de violence grave, sans préjudice des poursuites auxquelles il pourrait avoir donné lieu. — Inst. Crim. 444. — C. Pén. 170 et suiv.

CHAPITRE III

DES MOYENS D'ASSURER LA LIBERTÉ INDIVIDUELLE CONTRE LES DÉTENTIONS ILLÉGALES OU D'AUTRES ACTES ARBITRAIRES.

615d   ART. 439. Quiconque aura connaissance qu'un individu est détenu dans un lieu qui n'a pas été destiné à servir de maison d'arrêt, de justice ou de prison, est tenu d'en donner avis au Juge de Paix, au Ministère Public ou au Juge d'Instruction.— Pro-Civ. 688. — Inst. Crim. 438 et suiv. 447 et suiv.

ART. 440. Tout Juge de Paix, tout officier chargé du Ministère public, tout Juge d'Instruction est tenu d'office, ou sur l'avis qu'il en aura reçu, sous peine d'être poursuivi comme complice de détention arbitraire, de s'y transporter aussitôt et de faire mettre en iberté la personne détenue, ou, s'il est allégué quelque cause légale de détention, de la faire conduire sur le champ devant le Magistrat compétent. — Inst. Crim. 446. C. Pén. 88. 90.

Il dressera du tout son procès-verbal.

Il rendra au besoin une ordonnance dans la forme prescrite par l'article 81 du présent Code.

En cas de résistance, il pourra se faire assister de la force nécessaire ; et toute personne requise est tenue de lui prêter main-forte. Inst. Crim. 85, 90.

ART. 441. Tout gardien qui aura refusé.ou de mon- 618 trer au porteur de l'ordre des Magistrats ayant la police des maisons d'arrêt, de justice ou de la prison, la personne du détenu, sur la réquisition qui en sera faite, ou de montrer l'ordre qui le lui défend, ou de faire au Juge de Paix l'exhibition de ses registres, ou de lui laisser prendre telle copie que celui-ci croira nécessaire de partie de ses registres, sera poursuivi comme coupable de détention arbitraire. — Inst. Crim. 439, 441. — C. Pén. 89.

CHAPITRE IV

DE LA RÉHABILITATION DES CONDAMNÉS.

ART. 442. Tout condamné à une peine afflictive 619 ou infamante, ou à une peine correctionnelle, qui aura subi sa peine, pourra être réhabilité.

La demande en réhabilitation ne pourra être 620, formée par les condamnés aux travaux forcés ou à ler al la réclusion, que cinq ans après l'expiration de leur peine.

Le délai est réduit à trois ans pour les condamnés à une peine correctionnelle.

ART. 443. Nul ne sera admis à demander sa réha- 421d bilitation, s'il ne demeure depuis cinq ans dans le ressort du Tribunal de Première Instance qui doit connaître de sa demande, s'il n'est domicilié depuis deux ans au moins dans une même commune et s'il ne joint à sa demande des attestations de bonne conduite qui lui auront été données par les Juges de Paix de toutes les communes dans lesquelles il aura demeuré ou résidé pendant le temps qui aura précédé sa demande. — C. Civ. 91.

Ces attestations de bonne conduite ne pourront lui être délivrées qu'au moment où il quitterait son domicile ou sa résidence. Elles devront être approuvées par le Commissaire du Gouvernement. — Inst Crim. 451.

622   ART. 444. La demande en réhabilitation, les attestations exigées par l'article précédent, et l'expédition du jugement de condamnation, seront déposées au Greffe du Tribunal de 1ère instance dans le ressort duquel résidera le condamné. — Inst. Crim. 450, 452.

ART. 445. La requête et les pièces seront communiquées au Commissaire du Gouvernement qui donnera ses conclusions motivées et par écrit. — Inst. Crim. 190, 451, 453, 455.

ART. 446. Le Tribunal et le Ministère Public pourront, en tout état de cause, ordonner de nouvelles informations, sans qu'il puisse en résulter un retard de six mois. :

Le condamné doit, sauf les cas de prescriptions, justifier du paiement des frais de justice, de l'amende et des dommages-intérêts, ou de la remise qui lui en a été faite. A défaut de cette justification, il doit établir qu'il a subi le temps de contrainte par corps déterminé par la loi, ou que la partie lésée a renoncé à ce moyen d'exécution.

S'il est condamné pour banqueroute frauduleuse, il doit justifier du paiement du passif de la faillite, en capital, intérêts et frais, ou de la remise qui lui en a été faite. Néanmoins, si le demandeur justifie qu'il est hors d'état de se libérer des frais de justice, le Tribunal peut lui accorder sa réhabilitation, même dans le cas où les dits frais n'auraient pas été payés ou ne l'auraient été qu'en partie. En cas de condamnation solidaire, le Tribunal fixe la part des frais de justice, des dommages-intérêts et du passif qui doit être payé par le demandeur. — Inst Crim. 452, 455, 456.

ART. 447. La notice de la demande en réhabilitation sera affichée à la principale porte du Tribunal
de Paix du lieu où la condamnation aura été prononcée. Elle sera de plus insérée au Journal Officiel.

ART. 448. Le Tribunal, le Ministère Public entendu, donnera son avis. Cet avis ne pourra être
donné que trois mois au moins après la présenta-
tion de la demande. — Inst. Crim. 452, 456, 467.

ART. 449. Si le Tribunal est d'avis que la demande   629
ne peut être admise, le condamné pourra se pourvoir de nouveau, après un nouvel intervalle de deux
ans.

Si le Tribunal pense que la demande peut être   630
admise, il prononcera la réhabilitation du ¡condamné. Le jugement sera expédié par le Commissaire
du Gouvernement au Secrétaire d'Etat de la Justice.
— Inst. Crim. 449.

ART. 450. Si la réhabilitation est prononcée, il en   632
sera envoyé copie authentique au Tribunal qui aura
prononcé la condamnation, et le dispositif du jugement sera transcrit en marge de la minute du jugement de condamnation, ce, à la diligence du Commissaire du Gouvernement. — Inst. Crim. 299.

ART. 451. La réhabilitation efface la condamnation   634
et fait cesser pour l'avenir toutes les incapacités
qui en résultaient. — C. Pén. 7, 8, 23, 24

ART. 452. Le condamné pour récidive ne sera jamais admis à la réhabilitation. — C. Pén. 40 et suiv.

Les individus qui, après avoir obtenu leur réhabilitation, auront encouru une nouvelle condamnation et ceux qui condamnés contradictoirement
ou par contumace à une peine afflictive ou infamante,
ont prescrit contre l'exécution de la peine, ne seront
admis au bénéfice de la réhabilitation qu'apres un
délai de dix ans écoulé depuis leur libération ou
depuis la prescription.

CHAPITRE V

DE LA PRESCRIPTION.

ART. 453. Les peines portées par les jugements ren-   636

dus en matière criminelle, se prescrivent par quinze
années révolues, à compter de la date des jugements.
— C. Civ. 33, 1987. — Inst. Crim. 2, 299, 374, 461 et
suiv. — C. Pén. 6 et suiv.

Néanmoins, le condamné ne pourra résider dans
l'Arrondissement où demeureraient, soit celui sur
lequel ou contre la propriété.duquel le crime aurait
été commis, soit ses héritiers directs.

Le Gouvernement pourra assigner au condamné
le lieu de son domicile. — C Civ. 91.

436d   ART. 454. Les peines portées par les jugements
rendus en matières correctionnelle se prescrivent
par cinq années révolues, à compter de la date du
jugement.— Inst. Crim.163,167. 463, 467.— C Pén. 9.

637   ART. 455. L'action publique et l'action civile résultant d'un crime de nature à emporter la peine
de mort ou des peines afflictives ou infamante, se
prescriront après dix années révolues, à compter du
jour où le crime aura été commis, si, dans cet
intervalle, il n'a été fait aucun acte d'instruction
ni de poursuites. -- Inst. Crim, 2. — C. Pén. 78.

S'il a été fait, dans l'intervalle, des actes d'instruction ou de poursuite non suivis de jugement,
l'action publique et l'action civile ne se prescriront
qu'après dix années révolues, à compter du dernier
acte, à l'égard même des personnes qui ne seraient
pas impliquées dans cet acte d'instruction ou de
poursuite. -- C. Civ. 2012. — Proc. Civ. 240. — Inst.
Crim. 460, 463,465, 466, 467.

638   ART. 456. Dans les deux cas exprimés en l'article
précédent, et suivant les distinctions d'époques qui y
sont établies. la durée de la prescription sera ré-
duite à trois années révolues, s'il s'agit d'un délit de
nature à être puni correctionnellement. —Inst. Crim.
153, 461, 466, 467.

468   ART. 457. Les peines portées par les jugements
rendus pour contraventions de police, seront prescrites après deux années révolues ; savoir : pour les
peines prononcées par jugements en dernier ressort, à compter du jour du jugement ; et à l'égard

des peines prononcées par jugements susceptib'es d'appel, à compter du jour où ils ne pourront plus être attaqués par la voie de l'appel. — Inst. Crim. 122, 141, 148, 152, 465, 466, 467.

ART. 458. L'action publique et l'action civile pour une contravention de police, seront prescrites après une année révolue, à compter du jour où elle aura été commise, même lorsqu'il y aura eu procès-verbal, saisie, instruction ou poursuite, si, dans cet intervalle, il n'est point intervenu de condamnation. S'il y a eu un jugement définitif de nature à être attaqué par la voie de l'appel, l'action publique et l'action civile se prescriront après une année révolue, à compter de la notification de l'appel qui en aura été interjeté. — Inst. Crim. 122, 464, 466, 467. **640**

ART. 459. En aucun cas, les condamnés par défaut ou par contumace, dont la peine est prescrite, ne pourront être admis à se présenter pour purger le défaut ou la contumace. — C. Civ. 34. — Inst. Crim. 128, 159, 374. **641**

ART. 460 Les condamnations civiles portées par les jugements rendus en matière criminelle, correctionnelle ou de police, et devenus irrévocables, se prescriront d'après les règles établies par le Code Civil. — C. Civ. 939, 1163, 2030. — Inst. Crim. 1, 53, 460, 464. **642**

ART. 461. Le présent Code abroge toutes dispositions de lois qui lui sont contraires ; il sera exécutoire dans la République à dater du Premier Janvier 1836, et expédié au Sénat, conformément à la Constitution.

ANNEXES

LOI

Sur l'exercice du droit de grace, de Commutation de peines et d'amnistie.

Du 26 Septembre 1850 modifiée par celle du 26 Juillet 1906

ART. 1er. Le droit de grâce, de commutation de peines, attribué par la Constitution au Chef de l'E-tat, s'exerce sur toutes les peines afflictives et infamantes ou correctionnelles et sur les jugements rendus, même par contumace, par tous les tribunaux.

ART. 2. La peine afflitive et infamante peut être commuée, même en une peine correctionnelle.

ART. 3. L'amnistie peut être prononcée soit avant, soit après les poursuites et même après les condamnations par contumace.

ART. 4. La grâce fait rentrer le condamné dans ses droits civils et politiques, en faisant immédiatement cesser la peine quelle qu'elle soit, ou toutes poursuites déjà commencées par le Ministère public en exécution de la condamnation prononcée.

Mais elle ne préjudice nullement aux intérêts civils des tiers et aux droits par eux acquis.

Le gracié ne peut exiger le remboursement de ce qu'il a payé ni aucune restitution de frais, de dommages-intérêts acquittés ou de frais d'immeubles perçus par les tiers.

ART. 5. La commutation de peines change le caractère et toutes les conséquences attachées par la loi à la condamnation dont la peine a été commuée ; elle y substitue les conséquences de la peine que remplace celle portée par la condamnation.

ART. 6. L'amnistie fait cesser toutes poursuites

contre les inculpés, les prévenus, les accusés, et même les condamnés par contumace, sauf le respect dû aux droits des tiers auxquels il n'est point porté préjudice et qui ne pourront être discutés que devant les Tribunaux civils.

Art. 7. L'amnistie du fait principal détruit à la fois la criminalité de tous les délits accessoires.

Elle profite aux complices comme aux auteurs des faits amnistiés et met à néant toutes les condamnations pécuniaires obtenues par la partie publique.

Elle met à l'abri de la peine de la récidive les individus qui auraient pris part aux faits pour lesquels l'amnistie aura été prononcé et dispensera ceux-là de la réhabilitation qu'elle représente et dont elle tient lieu.

Art. 8 Pourront recourir en grâce ou en commutation de peine auprès du Président d'Haiti : 1º les condamnés dont la conduite aura été jusque-là exempte de reproches ou qui ne seraient pas moralement ou intentionnellement coupables ainsi qu'il apparaîtra aux juges du droit ; 2º ceux qui, par un sincère repentir de leurs crimes auraient fait naître chez leurs juges la conviction qu'ils ont cédé à une force à laquelle ils n'ont pu résister, plutôt qu'à une volonté criminelle ; 3º les mineurs qui auraient agi sous la mauvaise influence de parents, tuteurs ou étrangers, et dont le repentir sincère serait allié à la candeur de l'âge ; 4º les condamnés qui après la seconde épreuve prévue par l'article 284 de la loi du 1i Juillet 1835, seraient néanmoins déclarés coupables par le jury, lorsque seulement le Tribunal criminel aurait pensé que les jurés, tout en observant les formes, se seraient trompés au fond.

Art. 9. Pourront aussi recourir à la grâce ou à la commutation de peines auprès du Chef de l'Etat tous autres condamnés que ceux énumérés dans l'article précédent sauf au Président à accorder ou à refuser la faveur sollicitée, en conciliant les intérêts du pays et de la politique, avec la vie, l'honneur, la considération du recourant en grâce avec le crime à lui imputé et en vue des services qu'il peut ultérieurement rendre à la patrie.

Art. 10. Les Tribunaux de répression, pourront, selon les circonstances et les cas énumérés aussi aux articles 8 et 9 sus-énoncés, recommander les condamnés à la clémence du Chef de l'Etat en observant toutefois les formes qui sont dues au Président d'Haiti et qui sont compatibles avec la dignité des fonctions judiciaires.

Pourront aussi recourir à la grâce du Chef du Pouvoir Exécutif l'avocat du condamné, ses parents et ses amis.

Art. 11. Le recours en grâce ou en commutation de peines seront formés par une pétition adressée au Président d'Haiti, accompagnée des pièces justificative, s'il y en a.

La demande de grâce sera constatée par une déclaration faite sur les registres du Tribunal qui aura rendu le jugement, et, si c'est un tribunal militaire qui a prononcé la sentence, au Commandant d'arrondissement qui délivrera une reconnaissance de la déclaration.

Art. 12. Le recours en grâce ou en commutation de peines, quand il est justifié auprès des officiers du Ministère public, suspend de droit l'exécution des condamnations prononcées.

Art. 13. Aussitôt que la grâce ou la commutation de peine aura été prononcée, la décision sera expédiée au Commissaire du Gouvernement du Tribunal dans le ressort duquel la condamnation aura été déclarée et l'exécution de cette décision devra avoir lieu sans retard par le Ministère public sous sa responsabilité personnelle.

Art. 14. La présente loi abroge toutes dispositions de loi qui lui sont contraires ; elle sera exécutée à la diligence du Secrétaire d'Etat de la Justice.

LOI

Sur la prison préventive.

Du 5 Décembre 1893.

ART. 1er. Passé le délai de deux mois, la détention préventive sera imputée sur la durée de toute peine temporaire, correctionnelle ou criminelle ; elle ne comptera que pour moitié en ce qui touche la peine des travaux forcés à temps.

ART. 2. La liberté provisoire ne compte pas comme détention préventive.

ART. 3. La présente loi qui abroge toute les dispositions de loi qui lui sont contraires, sera exécutée à la diligence du Secrétaire d'Etat de la Justice.

LOI*

Sur la longueur de l'instruction criminelle

Du 30 Septembre 1895

ART. 1er. Seront réputés démissionnaires les Juges d'Instruction qui auront négligé et qui, après deux avertissements du Département de la Justice, continueront à négliger l'instruction des affaires à eux dévolus ; ou qui, les ayants instruites, ne les auront pas soumises à la Chambre du Conseil, conformément à l'article 109 du Code d'Instruction criminelle.

Il en sera de même des membres de la Chambre du Conseil qui, par leur faute et toujours après deux

La loi du 15 Juillet 1920 ayant supprimé les articles 109, 110 111 du Code d'Instruction criminelle, les attributions de la Chambre du Conseil sont dévolues aux Juges d'Instruction.

avertissements du Département de la Justice, auront entravé les délibérations de la Chambre du Conseil.

Art. 2. Les Commissaires du Gouvernement, sous peine de suspension d'abord et de révocation en cas de récidive, et les Juges d'Instruction, sous peine d'abord de la suspension de leurs traitements et de la privation de leur fonction de magistrat-instructeur, en cas de récidive, adresseront, à la fin de chaque semaine, au Secrétaire d'Etat de la Justice un état des interrogatoires que les premiers auront fait subir aux prévenus, témoins et toutes autres personnes, à quelque titre que ce soit, ainsi qu'un état des ordonnances prononcées par la Chambre du Conseil.

Les Commissaires du Gouvernements, sous peine. de suspension d'abord et de révocation en cas de récidive, indiqueront les affaires dans lesquelles les dispositions de l'article 109 n'auront pas été observées et nommeront les juges qui auront commis l'infraction.

Art. 3. Sur chaque infraction, les juges formant la Chambre du Conseil recevront un avertissement du Département de la Justice.

Après deux avertissements non suivis d'excuses jugées légitimes par le Conseil des Secrétaires d'Etat, sur le rapport du Chef du Département de la Justice, les juges ainsi avertis seront passibles de la perte de leurs appointements du mois du dernier avertissement, et, en cas de récidive, ils seront considérés démissionnaires et remplacés, sans préjudice de toute autre action des parties intéressées.

La décision motivée qui proclame des juges démissionnaires, sera publiée dans le *Journal Officiel*.

Art. 4 La présente loi abroge toutes les dispositions de lois qui lui sont contraires et sera publiée et exécutée à la diligence du Secrétaire d'Etat de la Justice.

LOI

Reglementant la liberté de la Presse,

Du 15 Décembre 1922.

CHAPITRE I

DE LA PRESSE PÉRIODIQUE.

ART. 1er. Tout imprimé rendu public, à l'exception des ouvrages dits de ville, indiquera le nom et le domicile de l'imprimeur. Au moment d'en opérer la distribution au public, l'Imprimeur sera tenu d'en faire, pour les collections nationales, contre reçu, un dépôt de cinq exemplaires à la Secrétairerie d'Etat de l'Intérieur, pour Port-au-Prince ; aux bureaux des Fréfets, pour les chefs-lieux des Arrondissements financiers ; et aux bureaux des Conseils Communaux, pour les autres villes de la République. Ce dépôt obligatoire concerne chaque édition d'un journal ou écrit périodique.

ART. 2. L'Imprimeur qui n'aura pas satisfait à l'une des formalités prévus en l'article ci-dessus, sera passible d'une amende de *Vingt Dollars* sans préjudice de toutes autres peines prévues au Code Pénal contre toute personne qui aura sciemment contribué à la publication ou distribution.

ART. 3. Le propriétaire de tout journal ou écrit périodique sera tenu de faire à la Secrétairerie d'E-tat de l'Intérieur une déclaration indiquant tant ses nom et demeure que ceux du Gérant responsable, le titre du journal ou du périodique, son mode de publication, l'indication de l'Imprimerie où il doit être édité. Cette déclaration sera faite sur un timbre de quinze gourdes et signée tant du propriétaire que du Gérant responsable.

ART. 4. Aucun journal ou écrit périodique ne pourra être rendu public avant l'autorisation du Secrétaire d'Etat de l'Intérieur, telle qu'elle est prévue à l'article suivant.

ART. 5. Le Secrétaire d'Etat de l'Intérieur pourra donner cette autorisation dans les trente jours de la demande qui lui en sera faite. Ce délai échu, sans qu'une autorisation formelle soit intervenue, le journal ou écrit périodique pourra être publié.

ART. 6. Toute contravention aux articles 3 et 4 sera, pour chaque édition, punie d'un emprisonnement de 15 jours à un mois et d'une amende de 20 dollars à 100 dollars, avec confiscation des exemplaires saisis.

ART. 7. Les changements qui pourraient survenir dans les conditions énumérées dans l'article 3 seront notifiés à la Secrétairerie d'Etat de l'Intérieur dans un délai qui n'excédera pas Quinze jours, sous les peines prévues à l'article précédent.

ART. 8. (Ainsi modifié par la Loi du 27 Juin 1923). Tout journal ou écrit périodique aura un Gérant responsable Haitien, ayant exercice plein et entier de ses droits civils et politiques. Si le Gérant est légalement inculpé d'un délit de presse, le Propriétaire du journal ou de l'écrit périodique doit en désigner un autre 24 heures ou moins avant toute nouvelle publication, ce, sous peine d'une amende de Cinq cent dollars pour chaque édition. Le nouveau Gérant doit réunir les conditions prévues au 1er alinéa de cet article.

ART. 9. Le Gérant sera tenu d'insérer gratuitement en tête du plus prochain numéro du journal ou écrit périodique toutes rectifications qui lui seront adressées par un dépositaire de l'autorité au sujet des actes de sa fonction qui auront été rapportés par le dit journal ou écrit périodique, sous peine d'une amende de Vingt à Cent dollars. Dans tous les cas, les rectifications demandées par un agent de l'autorité doivent être préalablement approuvées par le Gouvernement.

ART. 10. Il sera tenu d'insérer gratuitement, dans le plus prochain numéro; à la même place et, dans les mêmes caractères que l'écrit incriminé, les

réponses de toutes personnes nommées ou désignées. L'insertion sera gratuite tant pour les dépositaires de l'autorité que pour les simples particuliers, sous les peines prévues à l'article précédent.

Néanmoins, lorsque les réponses des particuliers
dépasseront le double de l'article qui les aura pro-
voquées, l'insertion sera payée pour le surplus seulement, à raison de dix centimes de gourde la ligne.

ART. 11. L'entrée, la circulation, la vente, dans
le pays, d'un journal ou écrit périodique étranger,
subversif de l'ordre public et contraire aux bonnes
mœurs, pourront être interdites par décision prise
en Conseil des Secrétaires d'Etat.

Toute contravention aux présentes prescriptions
sera punie d'une amende de dix à 50 dollars.

CHAPITRE II

DES OFFENSES ENVERS LES AUTORITÉS CONSTITUÉES COMMISES PAR LA VOIE DE LA PRESSE.

ART. 12. (Ainsi modifié par la loi du 18 Juin 1924).
Toutes injures, tous outrages ou diffamations commis par la voie de la Presse envers le Président de
la République, un Secrétaire d'Etat, un membre du
Pouvoir Législatif ou du Tribunal de Cassation dans
l'exercice ou à l'occasion de l'exercice de leurs fonctions seront punis d'une amende de *Deux mille cinq
cents gourdes à Cinq mille gourdes* et d'un emprisonnement de six mois à trois ans.

ART. 13. Toutes injures, tous outrages ou diffamations commis par la voie de la Presse envers soit
un Tribunal, autre que de Cassation, une Administration publique, un corps constitué, en vue d'un service public, soit un ou plusieurs de leurs membres,
dans l'exercice de leurs fonctions, seront punis d'une
amende de 100 à 300 *dollars* et d'un emprisonnement de un mois à un an.

ART. 14. (Ainsi modifié par la loi du 19 Janvier
1929). L'injure, l'outrage, la diffamation commis
par la voie de la Presse contre un représentant ou

agent diplomatique accrédité près du Gouvernement Haitien, soit contre les Ministres des Cultes légalement reconnus exerçant leur ministère en Haiti, soit contre un Chef d'Etat ou un Gouvernement étranger reconnu par le Gouvernement d'Haiti seront punis conformément aux dispositions de l'article 13 ci-dessus.

Dans les cas prévus au présent article, le ministère public n'entamera de poursuites que sur l'ordre du Secrétaire d'Etat de la Justice.

Tant qu'il ne sera pas intervenu un jugement définitif sur le fond de l'inculpation, le Secrétaire d'Etat de la Justice pourra ordonner l'abandon des poursuites et le retrait de l'affaire.

Art. 15. (Ainsi modifié par la loi du 19 Janvier 1929.) Lorsqu'il s'agira de diffamation commise par la voie de la presse envers toute autre autorité que le Président de la République, l'auteur sera admis pour sa défense à fournir la preuve de l'imputation, la preuve contraire étant réservée au plaignant.

Ces preuves ne seront admises qu'autant que la diffamation sera relative à des faits de fonction.

L'imputation légalement prouvée met le prévenu à l'abri des sanctions pénales.

Art. 16. (Ainsi modifié par la loi du 19 Janvier 1929.) Les peines prévues pour délits de presse sont applicables aux gérants de tout journal ou écrit périodique, ainsi qu'à l'auteur de l'écrit incriminé et à toutes autres personnes qui auront sciemment contribué à sa publication.

Tous ceux qui, comme auteurs ou complices, se seront rendus coupables hors du territoire d'Haiti d'un des délits de presse mentionnés aux articles 12, 13 de la présente loi, seront poursuivis et jugés en Haiti conformément aux dispositions des lois haitiennes.

Art. 17. (Ainsi modifié par la loi du 19 Janvier 1929). Les propriétaires, gérants et imprimeurs des journaux ou écrits périodiques, les auteurs de l'écrit incriminé, sont solidairement responsables des condamnations pécuniaires en matière de délit de presse.

ART. 18. (Ainsi modifié par la loi du 19 Janvier 1929). Dès que les personnes responsables des susdits délits auront été légalement inculpées par le Ministère Public ou ses auxiliaires, le Pouvoir Exécutif pourra suspendre la publication du journal ou écrit périodique jusqu'à décision définitive du Tribunal compétent.

S'il y a condamnation, le Pouvoir Exécutif aura la faculté soit d'interdire la publication pendant la durée de la peine, soit de fermer définitivement le journal ou écrit périodique. Ces défenses seront notifiées à l'imprimeur, au gérant et au propriétaire.

Le Secrétaire d'Etat au Département de l'Intérieur pourra refuser l'autorisation de publier un journal ou écrit périodique à toutes personnes condamnées deux fois pour injures, outrages, diffamation commis par la voie de la presse.

Pour chaque infraction à l'une des mesures sus-indiquées, l'auteur sera puni d'une amende de *mille gourdes* ou d'un *emprisonnement de un à six mois* et des deux peines à la fois en cas de récidive.

ART. 19. (Ainsi modifié par la loi du 2 Août 1929). Les injures, outrages et diffamation commis par la voie de la presse ou autrement ne constituent point de délits politiques.

Ce principe ne s'oppose pas à une appréciation par le Président de la République en vue de l'exercice du droit d'amnistie, de faits et circonstances de nature à comprendre les délits sus-indiqués dans les termes généraux de matière politique.

ART. 20. (Ainsi modifié par la loi du 27 Juin 1929.) Les délits d'injures, d'outrages, ou de diffamation commis par la voie de la Presse contre soit le Président de la République, soit tout dépositaire de l'aurité désigné dans la présente loi, soit un individu assimilé à un tel dépositaire, seront considérés comme flagrants délits. En conséquence, le Commissaire du Gouvernement et ses auxiliaires procéderont en ce qui concerne ces délits conformément aux articles 22 et suivants, 30, 32 et suivants, 39 et suivants des chapitres 4 et 5 de la loi numéro 2 du Code d'Instruction Criminelle.

ART. 21. (Ainsi modifié par la loi du 18 Juin 1924.) Lorsque le titre de l'inculpation comportera une injure, un outrage ou une diffamation commis par la voie de la Presse, soit contre le Président de la République, soit contre un dépositaire de l'autorité désigné dans la loi sur la Presse, soit contre un individu assimilé à ce dépositaire, la liberté provisoire pourra être accordée sur les conclusions du Ministère Public, moyennant un cautionnement en espèces de *cinq mille gourdes* à *dix mille gourdes*.

Dans les mêmes cas, la main-levée d'un mandat de dépôt pourra être accordée sur les conclusions du Ministère Public.

Lorsque dans le cas ci-dessus, l'individu inculpé sera prévenu de plus d'un délit d'injure, d'outrage ou diffamation, il devra être statué séparément, soit pour la mise en liberté provisoire, soit pour la main-levée d'un mandat de dépôt sur chacun des délits qui auront été commis et le cautionnement ci-dessus devra être exigé pour chacun d'eux séparément.

ART. 22. Sont assimilés aux délits commis par la voie de la Presse tous ceux commis à l'aide de dessins, gravures, peintures et autres modes d'expression matérielle de la pensée injurieux ou outrageants, rendus publics.

ART. 23. S'il est reconnu des circonstances atténuantes en faveur du prévenu, il lui sera appliqué l'une ou l'autre des deux peines prévues pour chaque cas dans la présente loi.

ART. 24. La présente loi abroge toutes les lois, dispositions de loi, arrêté, règlement qui lui sont contraires et spécialement de la loi du 26 Octobre 1885 sur la Presse. Elle sera exécutée à la diligence des Secrétaires d'Etat de la Justice et de l'Intérieur.

Donné au Palais Législatif, à Port-au-Prince, le 15 Décembre 1922 an 119ème de l'Indépendance.

LOI

Garantissant l'indépendance et la Sécurité
de la Presse.

———

Art. 1er. La publication ou reproduction de nouvelles fausses, de pièces fabriquées, falsifiées ou mensongèrement attribuées à des tiers, sera punie d'une amende de Gdes. 1.000 à Gdes. 2.000 et d'un emprisonnement de six mois à un an ou de l'une de ces peines seulement, lorsque la publication ou reproduction sera de nature à troubler la paix publique.

Art. 2. Seront punis comme complices d'une action qualifiée crime ou délit, ceux qui, soit par discours, cris ou menaces proférés dans des lieux ou réunions publics, soit par des écrits, des imprimés vendus ou distribués, mis en vente ou exposés dans des lieux ou réunions publics, soit par des placards ou affiches exposés au regard du public auront directement provoqué l'auteur ou les autres à commettre la dite action, si la provocation a été suivie d'effet. Cette disposition sera également applicable, lorsque la provocation n'aura été suivie que d'une tentative de crime prévue par l'art. 2 du Code pénal.

Art. 3. Ceux qui, par les moyens énoncés en l'article précédent, auront directement provoqué à commettre les crimes de meutre, de pillage, et d'incendie ou l'un des crimes contre la sûreté de l'Etat, prévus par les articles 57 et suivants, jusque y compris l'art. 77 du Code Pénal, seront punis, dans le cas ou cette provocation n'aurait pas été suivie d'effet, de six mois à deux ans d'emprisonnement et de G. 1000. à 2.000 d'amende. Tous cris ou chants

séditieux proférés dans des lieux ou réunions publics seront punis d'un emprisonnement d'un mois à
huit mois, et d'une amende de G. 20J à G. 1.000.

Art. 4. Toute provocation par l'un des moyens
énoncés en l'article 2, adressée à des militaires ou
des Agents de police dans le but de les détourner
de leurs fonctions et de l'obéissance qu'ils doivent
à leurs chefs dans tout ce qu'ils leur commandent
pour l'exécution des lois et règlements militaires
et autres, sera punie d'un emprisonnement de six
mois à un an et d'une amende de G. 200 à G. 1.000.

Art. 5. Il est interdit d'ouvrir ou d'annoncer publiquement des souscriptions ayant pour objet d'in-
demniser des amendes, frais et dommages-intérêts
prononcés par des condamnations judiciaires en
matières criminelles et correctionnelles, sous peine
d'un emprisonnement d'un mois à un an et d'une
amende de G. 200 à G. 1000 ou de l'une de ces deux
peines seulement.

Art. 6. La publication ou reproduction de pièces
ou de tous écrits comportant l'usurpation de titres
ou fonctions publics prévus par l'art. 217 et 218 du
Code Pénal, sera. si elle a été faite dans une inten-
tion subversive de l'ordre public, punie de six mois
à un an d'emprisonnement et de G. 500 à 1.000
d'amende, peines qui seront prononcées contre
toutes personnes responsables de la publication ou
reproduction, en y comprenant les auteurs de ces
pièces ou écrits.

Art. 7. Les délits prévus dans la présente loi seront
poursuivis conformément à l'article 20 de la loi du
27 Juin 1923 modifiant celle du 15 Décembre 1922
sur la Presse.

Art. 8. La présente loi abroge toutes lois ou dispositions de loi qui lui sont contraires et sera exécutée à la dilligence des Secrétaires d'Etat de l'Intérieur et de la Justice.

Donné au Palais Législatif, à Port-au-Prince, le
4 Août 1924, an 121ème de l'Indépendance.

ART. 2. (loi du 29 Mars 1928). A moins qu'il
s'agisse des infractions prévues et punies par les
articles 240, 241, 242, 243, 244, 245, 247 et 249 du
Code Pénal, les tribunaux criminels siégeront sans
l'assistance du jury. L'instruction et le jugement.
les délais et la forme du pourvoi seront alors soumis
aux lois de procédure criminelle en vigueur, sauf
les dispositions ci-après :

Le tribunal procédera à l'instruction et au jugement sans avoir égard aux dispositions relatives au
jury. Après la clôture des débats, le doyen ou le juge
qui le remplace ordonnera que les pièces lui soient
remises et décidera dans les trois jours par un
jugement motivé qui mentionnera, au point de
droit, les questions résultant de l'acte d'accusation.
Le jugement mentionnera également, suivant le
cas, les questions prévues aux articles 268, 269,
271 et 272 du Code d'Instruction criminelle.

Lorsque l'accusé aura été renvoyé, si aucune
déclaration de pourvoi ne lui est notifiée. dans le
délai de l'art. 323, il sera, passé ce délai, réputé
légalement acquitté et mis en liberté. De même il
sera réputé acquitté légalement et mis en liberté
dès le prononcé de l'arrêt qui aura rejeté le pourvoi
exercé contre le jugement d'acquittement.

Les dispositions qui précèdent concernent spécialement le tribunal criminel siégant sans l'assistance du jury. Elles ne modifient pas les arts. 288,
1er. alinéa et 314 qui continueront d'être appliqués
lorsqu'il s'agira des affaires réservées au tribunal
criminel siégeant avec l'assistance du jury.

TABLE DES MATIÈRES